경혜의 인연이야기

경혜의 인연이야기

禪의 세계

작가의집

본문에 삽입된 그림은 필자인 한경혜 화가와 〈작가의집〉 아이들의 실크 스카프 그림입니다.

프롤로그

선(禪)이란 것은 우리 인간의 사유를 가장 높은 정신적인 면을 본질적으로 파악하여, 내면의 잠재의식까지도 완전 자유화·해탈화 하는데 목적을 두고 있으며, 이는 인간적인 것과 '나'라는 개인적인 측면과 모든 생명체라는 다수적인 것에 대한 통합 대중화 하는 것입니다.

여기에는 여러 가지 행위(행·주·좌·와)의 선의 방법에 의해 전수되어 내려오고 있습니다.

행선은 움직이면서 화두를 가지고 관하고, 주선은 일정한 장소 한곳에서 머물러서 화두를 관하고, 좌선은 앉아서, 그리고 와선은 누워서 자신을 관하는 방법이 있습니다.

각자의 인연에 따라 선택의 자유로움이 있고 대체로 위와 같이 전통적인 방법이 가장 가까운 방법론으로 통하고 있습니다.

그러면 무엇을 얻고자 하는 것일까?

궁극적인 목표는 인간 내면의 수수께끼와 같은 '왜 태어나고, 죽어야 하는가'보다는 태어나기 전의 나는 무엇이었으며, 죽고 난 뒤 나는 또한 무엇이며, 현재의 생명체인 이 몸은 무엇인가? 라는 차원 높은 사유에서 시작된다고 볼 수 있습니다.

인간은 종교적인 면에서 볼 때 법신, 보신, 화신이라는 3가지 요소의 근원에 바탕을 두고 있습니다.

법신은 알 수 없는 몸이 세세생생 바뀌어도 그대로 여여하게 있는 것이고, 보신은 인과응보에 의한 나의 의지와 상관없는 행위에 대한 현재의 과보의 몸이고, 화신은 같은 생각, 뜻을 가진 잠재적인 정신적인 문화습성이라고 볼 수 있습니다.

참선은 법신, 보신, 화신 3가지 요소에서 궁극적인 법신을 찾고자 하는 것이며, 법신의 최고의 쟁점은 자기 자신의 법신을 사물과 함께 어우러져 나타날 때 이것을 구경각이라 합니다.

구경각은 자기 자신의 법신을 보는 경지입니다.
이 순간에는 나라는 것은 완전히 잊어버리고, 본질적인 구경에서 자신의 법신의 발견입니다.

많은 사람들과 다 같이 공유하는 테두리에서 기쁨을 느끼고 생명체의 삶이라는 지속적인 시간에 나는 나를 사랑하는 시간을 가져봅니다.

〈나는 나를 사랑한다 禪畵展〉 중에서

차 례

프롤로그 · 5

그리고 · 11

永遠

1. 성철 큰스님과 엄마의 선문답 · 17

2. 생명, 또 하나의 자연 · 31

식물의 대화 · 31

일하는 식물 · 36

산고양이 야옹이 · 39

흑백의 까치신사 · 46

우보살 · 50

개를 사랑한 고양이 · 55

말복 - 메리 · 59

36계 · 64

불도둑과 쥐 · 68

지네 · 72

3. 이 몸을 버릴지라도(수행자처럼 사는 물고기) · 79

상류로, 상류로 · 79

등용문 · 85

바다신선 산갈치 · 91

4. 수행의 경지 · 97

선어란? · 97

참선의 절대경지 · 100

말후구 · 102

참선의 자세 · 104

5. 무기공 아닌 유기공의 세계 · 113

우리가 숨을 쉬고 있는 '空'의 세계 · 113

물질이 허공, 허공이 물질 · 116

노예가 된 공기물질 · 118

비구니 스님의 내외공 · 122

氣의 세계 · 125

마음이 마음을 움직인다 · 129

잠재의식 · 130

우리는 우주의 방랑자 · 134

6. 거지스님 · 139

둥지 속 행복 · 148

유루복 · 149

안타까운 내 사랑 · 154

7. 비룡스님 · 161

무인도에서 한소식을 · 168

참선의 선정에 관하여 (진묵대사) · 170

보왕삼매론 · 175

마음 다스리는 글 · 179

8. 세속에서 깨달음을 얻은 사람들 · 183

월명각시 · 184

부설거사 · 188

중국의 방거사와 무영탑 전설 · 193

유마힐 또는 유마거사 · 196

9. 오체투지 이후 그리고 작가의 집 아이들 · 199

작가의집 아이들의 스카프 · 202

에필로그 · 204

그리고

그렇게 소망하고 기다렸던 어제의 미래가 바로 오늘이었다.

오늘이 이어지기까지 날씨는 비바람과 눈보라, 그리고 따가운 햇살도 있었다.

성장의 영양분은 집집마다 달라서 나의 경우는 눈보라 속의 야생화처럼 끈질지게 끊어질 듯 말 듯 실낱같은 나날의 삶이었다.

그래도 따사로운 햇빛처럼 따뜻한 어머니의 기둥이 있기 때문에 그나마 그 기둥에 의지하여 숨을 쉬면서 버텨온 삶이기에 소중한 삶이 되었다. 나의 삶의 무게는 과연 얼마나 될까?

한 호흡이 움직임을 감지한다면
한순간은 미래의 첫걸음을 만들어간다.
그래서 항상 내 자신을 점검하고 되돌아보고

하고자 하는 일도 낮은 자세로 순응하려고 한다.

신호등에 의해 길을 건너고 지하철을 타고
가고 싶은 목적지까지 도달하고,
마음대로 오고 가고 움직인다는 자체가 참으로 행복하다.
일상에서 이런 행동에 의해 행복을 느낀다는 것이
순간순간의 삶에 소중한 감사와
내가 하고자 하는 일에의 열중이
내가 살아있다는 그 자체이기 때문이다.

어제는 말하기가 지나간 일이고
오늘은 자신을 자각하여서
늘 이어지길 바라고
내일은 내 스스로 할 일을
찾아서 만들어감이라.

크게 죽은 사람
이라는 것은
망상이 완전히
제거 되어
제거할 망상조차
없을 때
말을 하는 것은
이것을
사자후 라고 한다

1. 성철스님과 엄마의 선문답

성철 큰스님의 노련한 활솜씨가 천길 폭포수처럼 재빠르다. 사족을 하는 것은 뾰족한 화살을 더 뾰족하게 만드는 어리석은 일이다. 하지만, 평범한 물음에 쌍차쌍조를 포함한다. 그렇지만 대답은 구경각을 말한다. 엄마는 구경에는 모이는 집도 없고, 더 이상의 높은 곳은 없다고 말하는 대목이다.

1. 성철스님과 엄마의 선문답

1982년 음력 7월 12일

성철 큰스님께서는 엉성한 줄넘기를 하고 계셨다.

엄마 스님 우째 그리 못합니꺼? 〈어쩌면 그렇게 못하세요?〉
 갑자기 하는 질문이라 큰스님은 깜짝 놀라셔서 눈을 동그랗게 크게 뜨고, 줄넘기를 그만두셨다. 그리고는 줄넘기 줄을 손잡이 한쪽으로 바쁘게 모으시고 다음과 같이 말씀하셨다.

성철 큰스님 내가 왜 못해? 내 이래도 해인사 대중 모아 놓고 하나, 둘, 셋까지 할 줄 안다.

엄마 그것밖에 못합니까?

성철 큰스님 너는 그라면 얼마만큼 하는데?

엄마 (오른쪽 손바닥과 손가락을 5개를 펴고 어깨까지 올려 보이면서)
  1, 2, 3, 4, 5 이렇게 5개까지 할 줄 압니다.

성철 큰스님 (더욱 놀라면서)
  너거 "아"〈아이〉 데리고 와봐라.

엄마 우리 "아"〈아이〉가 몇 살인지 스님이 알아 맞춰 보세요.
  (엄마는 이렇게 말만 던지고 백련암 관음전으로 올라가버렸다. 한참후에 큰스님이 관음전까지 오셔서 이렇게 말씀하셨다.)

성철 큰스님 너거 "아"〈아이〉는 국민학교 5학년이다

엄마 (합장)
  그 때 엄마 나이는 28세 였다.

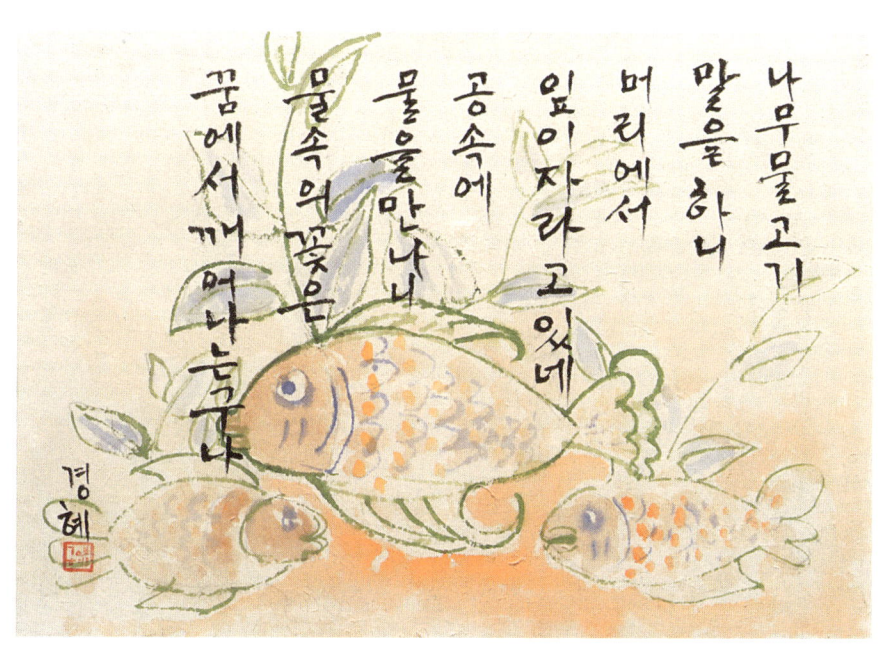

나무물고기
말을 하니
머리에서
잎이 자라고 있네
공속에
물을 만나니
물속의 꽃은
꿈에서 깨어나는구나

　병원에서 죽는다는 진단을 받고 2달 후 성철 큰스님을 나는 처음 만나게 된다.

　나 "스님 저 죽는데요. 언제 죽어요?"
　성철 큰스님 "오늘 저녁에 죽어라."

　그 소리를 듣는 순간 나도 모르게 목이 메이고, 눈물이 펑펑 쏟아졌다.
　저녁이라면 이제 시간이 얼마 남지 않았다는 생각과, 엎어지고 넘어지고 하면서 마지막 힘을 내면서 엄마가 절하고 있는 법당으로 달려갔다.

　나 "엄마, 큰스님이 나보고 오늘 죽으래!"

그러면서 계속 울고 있는 나에게 엄마는 동요하지 않고, 계속 절을 하면서 이렇게 말했다.

엄마 "그럼 어디 가서 죽어야 되는지 다시 가서 물어봐!"

엄마의 말씀을 듣고 나는 나의 생사의 시간이 촉박하다는 걸 나름대로 짐작하고 느끼면서 마당에 있는 큰스님께 있는 힘을 다해서 갔다.

나 "스님 저 어디 가서 죽을까요?"
성철 큰스님 "너거 집에 가서 죽어야지!"
나 "우리 집에는 돈도 없고, 어차피 죽으면 여기서 49재를 지낼 텐데, 나 여기서 죽을랍니다."
성철 큰스님 "너거 엄마 돈(頓) 많다."

나도 모르게 결심을 한 것 같은 말이 나왔다.
그때 성철 큰스님이 엄마가 절하고 있는 데를 찾아가서 엄마에게 이렇게 물었다.

성철 큰스님 "너거 아 와그라노?"

엄마 *"스님이 시작했으니 스님이 책임지이소."

엄마는 다부지고 냉정한 말투로 그 말만 하고, 다시 계속 절을 한다.

큰스님은 또다시 나를 물끄러미 보시고 여전히 무뚝뚝한 목소리로 말씀하셨다.

성철 큰스님 "야이 가시나야 그럼 니 오래 살아라. 그리고 하루에 천배씩 꼭 절하거래이!"

---

*
나의 생명을 놓고 큰스님과 엄마는 선어로써 거래가 시작되었다. 내가 큰스님을 만나기 전에 큰스님은 "너거 아(아이)는 국민학교 오학년이다."라고 했는데 즉, 많은 사람이 알게 될 거다. 라는 뜻인데, 지금 죽는다고 말하면 말이 안된다. 그래서 엄마는 선어로써 나의 생명을 성철큰스님께 책임론을 들어서 "스님이 시작했으니 스님이 책임지이소." 강력하게 결정적인 '기사회생'을 요구했다.
그리고 그 뒤 큰스님의 수용이 시작된다. "야이 가시나야 오래 살아라."고 하셨다. 선어의 세계는 참으로 찰나의 무서운 세계다. 선어의 한마디가 생사가 좌우된다.

1982년 음력 7월 13일

뜰 아래 꽃을 보고 있는 엄마를 보고 성철 큰스님이 물으셨다.

성철 큰스님 니 뭐하러 왔노?
엄마 오고 싶어서
성철 큰스님 소원이 뭐꼬?
엄마 소원은 없습니다. 스님. 오래사이소 〈오래사세요〉
성철 큰스님 오냐, 앞으로 10년 정도는 살 것 같다.

1982년 음력 7월 15일

성철 큰스님 너거 집이 오데고? 〈어디냐?〉

엄마 내가 집이 오데〈어디〉 있습니꺼?〈어디 있겠습니까?〉

(집이 없습니다.)

성철 큰스님 그라모〈그러면〉 고향은 어데고? 〈어디냐?〉

엄마 집도 없는 사람이 고향은 우째〈어떻게〉 압니꺼?

(고향도 모르겠습니다)

【사족】 성철 큰스님의 노련한 활솜씨가 천길 폭포수처럼 재빠르다. 사족을 하는 것은 뾰족한 화살을 더 뾰족하게 만드는 어리석은 일이다. 하지만, 평범한 물음에 쌍차쌍조를 포함한다. 그렇지만 대답은 구경각을 말한다.
엄마는 구경에는 모이는 집도 없고, 더 이상의 높은 곳은 없다고 말하는 대목이다.

성철 큰스님의 백련암 관음전 완공 인용법어

한 주먹으로 黃鶴樓를 쳐 엎어버리고
한번 차서 鸚鵡州를 뒤집어 엎네
意氣가 있을 때에 意氣를 더하고
風流 아닌 곳이 또한 좋은 風流로다.

(윗 글에 대한 답글은 아래 글임)

봄은 땅에서 오고
가을은 하늘에서 오니
시방은 이를 관여하면서
또한 시방은 이를 관여하지 아니하니.

【사족】 우리 가족은 해인사 백련암 관음전 완공식에는 참석하지 못했다. 시간이 조금 지나고, 친척 이모 할머니께서 완공식 기념 보자기에 반찬을 싸서 우리 집으로 보냈다. 엄마는 이 글을 보는 순간, 인상이 별로 좋지 않았다. 평소 때 여자들을 무시했던 성철 큰스님의 말씀에 어떤 때는 내 동생 경아가 "스님 엄마는, 여자 아닙니꺼?" 하면서 맞대응 하다가 큰스님께 주장자 한대 맞은 것이 기억이 난다. 관음전 완공법어 선어는 '여자는 가볍다'고 비유법으로 한방 먹인 것이다. 엄마가 답글을 보낸 후부터는 여자에 대해서는 신경 거슬리는 법문은 없었던 것으로 생각이 된다.

엄마 다음 생에 뵙겠습니다.

성철 큰스님 · · · · · · · ·

엄마 안녕히 계십시오.

성철 큰스님 · · · · · · · · · ·

— 1989년

1989년

한가닥 남은 피리소리에
정자 떠나감이 늦으니
나는 진나라로 가고
너는 *소상으로 간다.

〈성철 큰스님의 본지풍광〉 중에서

---
* ———————
소상 - 중국의 연못 이름
1989년 엄마는 성철 큰스님께 마지막 인사를 드렸다. 그 후 나와 내 동생 경아의 교육 때문에 서울로 이사를 했고, 이후 나는 대학을 졸업하고 만 배 기도를 했다.

〈작가의집 아이들〉 스카프 – 최수진 作

2. 생명, 또 하나의 자연

식물은 조용한 질서를 유지하면서 시시각각으로 변하는 자연에 순응하는 지혜가 배여 있다. 우리는 식물의 옷을 보고, 봄, 여름, 가을, 겨울을 느끼지만, 식물은 상대적으로 자연섭리에 대단히 민감한 편이다. 우리 사람들도 가끔 한사람씩 엉뚱한 면을 보일 때도 있지만, 식물 역시 전례 없는 천재지변이 지나면 정신 못 차리는 녀석도 있다.

2. 생명, 또 하나의 자연

식물의 대화

산을 오르다가 잠시 초록색에 반하여 식물들을 찬찬히, 섬세하게 관찰할 때가 있다. 식물도 엄청난 사회생활을 하고 있다는 것을 느낀다. 한 뼘의 땅에서 군락지를 이루어서 살아가는 모습이다. 그 나름대로 외로움도 끼리끼리 해소 하는 것 같고, 자기네끼리 감지하는 언어가 있다. 같은 종류 군락지라도 시간의 차이인지는 몰라도 군데군데 땅을 이루는 것처럼, 삼삼오오로 함박웃음으로 환하게 반기는 것도 있고, 그리고 이제 슬그머니 봉오리가 터져 잠에서 깨어난 모습으로 실눈처럼 반쯤 쳐다보는 모습을 하고 있다. 그리고 다른 식물이 근접하여 있는 경우는 스트레스를 받은 탓인지는 몰라도, 군락지 가운데 모습보다는 앙상하게 보인다. 식물의 자기 식구 자리 잡기가 우리 사람들처럼 가족이나 친구처럼 오순도순 모여 사는 모습이다.

　식물은 조용한 질서를 유지하면서 시시각각으로 변하는 자연에 순응하는 지혜가 배여 있다. 우리는 식물의 옷을 보고, 봄, 여름, 가을, 겨울을 느끼지만, 식물은 상대적으로 자연섭리에 대단히 민감한 편이다. 우리 사람들도 가끔 한사람씩 엉뚱한 면을 보일 때도 있지만, 식물 역시 전례 없는 천재지변이 지나면 정신 못 차리는 녀석도 있다. 늦여름에 태풍이 지나고 가을이 왔는데, 모든 감나무는 가을색 옷으로 갈아입었는데, 어떤 감나무 한그루는 정신을 못 차리고 새순을 내어놓고 있었다. 학교 성적으로 말하자면 완전히 정신없는 F학점이다.

　식물은 어떤 방식으로 대화를 할까? 그네들은 향 같은 미세한 맑은 공기를 소리의 음량처럼 입김을 내뿜는 듯하다. 꽃이 핀 난초에 물을 주면 갑자기 진한 향기를 내품는다. 기분이나 느낌이 좋다는 표현처럼 메시지를 보낸다. 그러면 나도 마음속으로 '나도 너가 좋아. 꽃이 핀 이 모습 좀 더 오래토록 보여줬으면 좋겠다.' 고 마음으로 이야기하면, 그래서인지 몰라도 그 꽃은 금방 시들지 않

고 조금 더 오랫동안 유지된다. 식물은 사람의 마음을 잘 감지하고 있는 것 같았다.

전시회 때 꽃 화분을 선물 받았는데, 어떤 화분은 꽃이 시들지 않고, 오래 동안 유지되었다. 꽃을 가지고 온 사람의 마음을 담고 있었다. 식물은 사람들이 알지 못하는 주로 정신적인 부분을 초전자 파장처럼 느낀다.

언젠가 식물이 범인을 알았다고 나온 글귀를 본 적이 있다. 어느 무서운 사건에 제일 가까이 있는 화분 모서리가 부셔졌다. 범인에 대해서는 심증은 있는데, 물증은 없었다고 한다. 그래서 수사관들은 초과학적인 방법으로 모서리가 부서진 화분 속에 있는 식물을 신경세포처럼 파장을 감지하기로 했다. 수사관들은 의심나는 근처 사람 중 한사람씩, 한사람씩 감지된 장치가 되어있는 식물 가까이에 가게 했다. 몇 사람 중 그중 한 사람한테만 파르르하게 떠는 것을 느꼈다. 식물도 스트레스를 준 장본인한테는 가까이 있는 것만 해도 반응을 보인다는 것이다. 그래서 어렵던 문제가 쉽게 풀렸다고 했다.

집에서 키우는 식물도 그 집의 사람이 무관심하면 살고 싶은 의지를 보이지 않고 그냥 시들시들하게 죽어버린다. 사람이 생기가 넘치고 의욕이 강하면 식물도 따라서 그것을 감지하고 같이 생기가 넘치고 의욕이 강하다. 이런 면에서 식물은 정신적으로 대화하기 좋은 상대이기도 하다. 잘되는 집안은 식물도 잘 자란다는 말도 있다.

연꽃은 진흙땅 속에서 자라는 꽃이다. 진흙땅에 줄기를 내리고 뿌리로 이루어져있다.

칙칙한 진흙땅과는 반대로 연꽃이나 연잎은 너무나 깨끗하게 보인다. 아침이슬은 연잎에서 보석처럼 굴러다니는 모습으로 보일 때가 있다. 세속은 진흙땅처럼 괴롭고 힘들지만, 그 가운데서 잠시라도 자기 자신을 돌이켜보면 때묻지 않는 원래의 모습을 찾는 것이 청정한 연꽃의 모습이다.

일하는 식물

요즘 유행하는 아침형 사람이라는 단어를 흔히 본다. 식물도 아침형과 저녁형이 있다면 우리 사람의 사회생활처럼 흥미로운 일이다. 일하는 시간, 즉 노동력을 집중시키는 시간을 비유하면, 나팔꽃은 이른 아침부터 활짝 펴서 아름다운 자태를 있는 대로 뽐내면서 호흡하고, 신진대사를 위한 작업이 시작된다.

그런 작업으로 인해 성장발육을 위한 흙의 영양분과 빛 에너지를 흡수하는 노동의 시간이다. 태양을 중심으로 시간대를 조절하고 있는 반면에 달맞이꽃은 밤에 달을 중심으로 저녁 야행성 시간대를 좋아한다. 태양 중심의 시간대에는 많은 꽃들이 선호하지만, 야간대의 달 중심으로 깨어있는 식물은 종류가 많은 것 같지는 않은 것 같다.

식물의 세계도 자세히 관찰하면 우리의 사회생활처럼 낮과 밤의 비례가 공통점도 있다.

얼마 전에 행운목 나무에서 꽃이 피었다. 저녁 7~8시부터 꽃이 활짝 펴서 향기가 온 집안을 진동시킨다. 그리고는 새벽 4~5시쯤에는 꽃봉오리가 닫힌다. 신기하게도 낮에는 아무 일 없는 듯한 표정처럼 환상적인 꽃이다. 향기로움을 보여주지는 않고 꼭 밤이 되면, 많은 사람보다는 집안에 있는 선택된 사람들한테만 최선을 다해 보여준다. 행운목 꽃을 자세히 관찰하면 동양란 꽃보다 작은 꽃송이들이다. 대략 15일정도 즐거움을 안겨준다.

꽃들의 성질도 제각각이다. 작가의집 학원을 개원할 때 들어온 서양 난이 있었는데, 다른 꽃들은 1~2년 주기로 꽃을 피우는데, 유난히 하나는 볼품도 없고, 누렇게 비쭉하게 말라가고 있었다. 그렇다고 시들시들 하면서도 죽지도 않고 해서 계속 물을 주고 있었는데, 5년이 지나고 학원이 폐강이 결정되고 난 후에 화분에서 이파리처럼 생긴 굵은 줄기가 뾰족하게 나왔다.

자세히 보니 꽃봉오리가 14개가 맺혀있었다. 5년 만에 꽃을 피웠는데, 1개 크기가 가로 세로 10cm 정도였고, 연미색의 아름다운 자태가 귀족처럼 품격이 있었다. 늦둥이처럼 늦게나마 마음자리를 표시하는 것 같다. 어쩌면 그동안 나의 쓸쓸했던 시간에 대해서 침묵을 지키고 있다가, 새롭게 용기를 내라고 무언가 말을 하는 것이다.

그래서 나도 마음속으로 이렇게 말했다.

'고마워, 항상 잊지 않고 바라보고 있었구나. 너가 나를 향하여 보여주는 것처럼, 나도 많은 사람들한테 아름다운 마음을 변치 않고, 가지려고 노력할께. 고맙다.'

산고양이 야옹이

가끔씩, 작가의집 침목 베란다에 소리도 없이 출근하여 얌전하게 창 쪽을 바라보며 앉아있는 고양이 '야옹이'를 볼 수 있다. 반가운 마음에 대문을 열고 나가면, 문 여는 소리가 들리자마자 내 눈앞에 나타나 '야옹' 하며 인사를 하는 이 녀석과 눈이 마주친다.

하찮은 미물이나 또는 동물과도 마음의 대화라는 교감이 가능하다.

동물들이 고유의 소리로 그 마음을 전달한다는 것을 알 수 있다면 어떻게 생각할 수 있을까? 이 녀석의 첫 대면은 이랬다.

황금빛 빛나는 털을 가진 야옹이. – 아마도 이 녀석은 전생에는 몸집이 크고 동물의 왕으로 생각되는 사자의 탈을 쓰고 태어나고자 희망했으나 거기까지는 줄을 늦게 서서 그런지, 가죽털이 좀 모자랐는지, 그 복이 미치지 못하고 – 작다 못해 옆으로 처진 짜부당한, 마치 슬퍼서 우는 듯한 눈, 야생으로 살아온 삶을 대변하듯

작다 못해 옆으로 처진 짜부당한, 마치 슬퍼서 우는 듯한 눈, 야생으로 살아온 삶을 대변하듯 목덜미 부분이 뜯겨 살점이 떨어져 나간 부분을 볼 때 마다 치열한 생존 경쟁에서 살아남아 눈치 빠르고 고양이과에 속하는 다른 살쾡이와는 달리 위엄 있고 예의가 있어 보였다.

목덜미 부분이 뜯겨 살점이 떨어져 나간 부분을 볼 때 마다 치열한 생존 경쟁에서 살아남아 눈치 빠르고 고양이 과에 속하는 다른 살쾡이와는 달리 위엄 있고 예의가 있어 보였다. 이 야옹이를 처음 본 것은, 3년 전 추운 겨울, 눈이 대지를 하얗게 덮어있었던 날이었다.

그날 엄마랑 나는 저수지를 지나서 산속 오솔길을 따라 뒷산의 약수터에 물을 뜨러 갔을 때였다. 길을 가고 있는 도중 갑자기 황금빛을 가진 덩어리 물체가 획~하고 지나간 것이었다. 너무나 갑작스럽게 일어난 일이라. 그 자리에 걸음이 저절로 멈추어졌었다. 자세히 살펴보니 새끼사자가 아닌 고양이였다. 산에서 사는 야생 고양이였다.

산에서 만난 친구라는 생각에 손을 흔들며 "안~녕?" 하고 손을 흔들며 인사를 하니, 이 녀석도 쓰윽 쳐다봤다. 약수터에서의 첫 만남은 이렇게 이루어졌다.

며칠 뒤 이 고양이가 집 앞에 안면 있는 사람을 찾아온 것이었다. 저번에 안녕 하고 인사했던 사람의집이 여기 구나. 하고 확인차 들렀던 것 같았다. 그러던 어느 날 바람이 세차게 불고 하늘에서 흰 눈이 펑펑 퍼붓는 날. 밖에서 문득 "야옹"하는 소리가 들렸다. 절규하듯. 날카로운 목소리로 울어대는 것이다. 야생이라 먹을 것이 없어 너무 배고픔이 엄숙해 오는 듯한 느낌으로, 너무 배가 고파 하늘에라도 대고 소리를 지르는 것처럼 들렸던 목소리였다. 이 추운 날에 먹이를 찾지 못했나? 하는 생각에 부엌에 가서 찬밥 남은 몇 스푼에다 먹다 남은 된장국에 밥을 말아 작은 대야에 담아 밖에 가지고 갔더니 모습은 보이지 않았다. 근처 가까운 울음소리만 나고 얼굴은 보여주지 않았지만, 앞마당에 놓아놨었다. 다음날 아침에 나가보니 깨끗하게 비워놓은 대야의 밥그릇을 볼 때 은근한 안도감과 이 녀석과 친해질 것 같은 예감이 들었다. 이 야옹이 녀석도 이집 주인은 자기를 해칠 사람은 아니구나. 라고 본능적으로 느꼈는지 시간이 어느 정도 지나가면서 자주 출근하기 시작했다. 그리고 대문이 열리는 소리만 나면 어디에서 튀어나오는지 내 눈앞에 당도했을 때, 쏜살 같이 오는 것이 귀엽기도 하고, 안쓰럽기도 하고 해서 올 때마다 과자 부스러기나 먹을 것, 심지어는 고양이 사료를 사 먹이기도 했었다. 어느 날인가 자기도 한 몫 한다는 걸 보여 줄려고 들에서 잡은 두더지를 앞마당에 의기양양하게 던져놓고, 그 주위를 맴돌아 자랑을 한 적도 있었다.

"야옹아, 이건 안 잡아 와도 된다." 말을 해도 정상적인 학교교

육을 못 받은 고양이는 이런 뜻은 알지 못하고 자기가 할 줄 아는 재주를 보여주고 자랑하고 싶었던 것 같았다.

　1년이 지나고 또다시 겨울이 왔다. 논과 밭 그리고 도로가 분간이 안 될 정도로 눈이 많이 쌓여있어서, 나는 아예 집안에 틀어 박혀서 창밖으로만 눈을 쳐다보면서 그림 작업을 하고 있었다. 그때 야옹이의 날카로운 메시지 같은 소리가 들렸다. "양야옹, 양야옹." 하면서 안절부절 하는 느낌으로 무언가 강한, 알려주고 싶은 메시지였다. 느낌은 왔지만 그래도 밤이 아닌 낮이라서, 고양이 우는 소리를 무시하고 눈 위를 걷고 싶기도 하고 해서 약수터에 갈려고 페트병과 물통을 챙겨 손수레를 끌고 미끄러지면서 산으로 올라갔다. 약수터 가까이에서 흰 눈 위에 남겨진 이상한 발자국을 발견했다. 야생 멧돼지도 아니고 여우도, 노루도 아니고 개발자국도 아닌, 가로 세로 10cm 정도 되는 고양이 과에 속하는 야생동물 발자국이었다.

　여기에 살면서 아직까지 동네사람들한테 야생의 큰 짐승이 있다는 소리는 멧돼지 외는 안 들어 봤는데 눈 위에서의 확실한 발자국이 아직까지 덩치가 큰 야생동물이 왕래를 한다는 사실을 알았다. 그래서 야옹이가 이리 뛰고, 저리 급하게 뛰면서 메시지를 전하려고 한 뜻을 알게 되었다. 메시지의 뜻은 "크고 무서운, 아주 무서운 야생짐승을 봤어요. 조심하세요. 그리고 약수터에는 가지 마세요."라는 이야기를 전달하려고 했던 것이다. 그 이후 야옹이는 우리 집 근처를 자기 영역의 구역처럼 편하게 활동을 하고 있었다. 봄이 되어 어느 날 식물을 관찰하려고 식물 군락지를 살펴보고 있는 그때 야옹이는 슬며시 내 곁에 다가와서 가까이 있는 꽃과 풀을 뜯어 먹고 있었다. 고양이가 풀을 먹는 것을 처음으로 보았다. 야생에서는 생존을 위해 잠시 자기가 염소라고 생각했는지, 고양이로서는 엉뚱하다. 어떤 때는 무엇이 궁금한지 아이들 그림 그리는 작업실에 들어오려고 문턱으로 넘어올 때 엄마가 고양이 보고 "너는 몸을 바꾸어 오던지, 아니면 수강료 내고 들어오던지 지금은 아니야." 하면서 밖으로 보냈다. 그 이후 문밖에 쪼그리고 앉아서 작업실 안을 쳐다보는 것을 즐겨한다.

　우연히 텔레비전에서 고양이가 생선을 좋아하는 것은 생선에 있는 '타우린'이라는 성분 때문이라고 했다. 타우린은 고양이가 밤눈을 어둡지 않게 한다고 해서 장날에 가면 생선가게 아주머니한테 고등어 대가리 몇 개를 얻어 삶아서 야옹이한테 주었더니 처음 얼마 동안은 쳐다보기만 하고 먹지를 않았다. 그것을 동네 고양이가 와서 먹어버렸다. 그 이후 야옹이는 다른 고양이가 먹는 것을 보고 따라서 조금씩 먹기 시작했다.

이제는 산고양이 야옹이가 집고양이가 되어 사람이 가도 꿈쩍도 하지 않고, 가끔 "야옹아." 하고 부르면 자다가도 "야옹"하며 대답은 하면서 자기의 위치는 알려주고 그대로 자고 있기도 한다. 또 문소리만 나면 문 앞에서 두발을 두 손처럼 모으고 허리를 펴고 앉아있을 때와 벌러덩 누워 자기의 배를 내보이며 이리 뒹굴, 저리 뒹굴 하는 모습을 보여주면서, 비록 고양이와 사람이라는 이름만 다르다는 것뿐이지. 마음으로 전하면 그 마음으로 다시 되돌아온다는 사실을 야옹이를 통해서 볼 수 있다.

흑백의 까치신사

고서화에 보면 고양이와 까치 그림이 등장한다. 예부터 고양이와 까치는 사이가 안 좋은 이웃사촌처럼 보였다. 방안에서 들리는 몇 마리의 까치소리와 신경 날카로운 야옹이 소리 때문에 밖으로 나가봤더니 서너 마리 까치가 합세를 해서 고양이를 위협하고 있었다. 다 같이 부리 공격을 하려고 공격태세를 갖추고 있었다. 이때 엄마가 고함을 질렀다.

"왜 싸워~! 사이좋게 지내!" 갑자기 큰 소리에 까치와 고양이는 놀라서 달아났다. 엄마는 집 뒤쪽 대나무 밭으로 돌아보고 나서 하시는 말씀이 까치가 집단행동으로 보일 정도로 일이 하나 생겼다고 이야기 하셨다. 그것은 대나무 밑에서 고양이가 까치새끼를 공격해서 잡아먹다보니 까치가 그렇게 하게 되었다고 했다. 어느 날 밤중에 갑자기 까치소리가 요란하게 나서 손전등을 가지고 나갔더니, 족제비 한 마리가 한밤 중 대나무 밭에 침범한 것을 알고 서로서로 경보음을 울리고 있었다. 족제비는 사람소리가 나는 것을 알고 재빠르게 사라졌다.

새들은 집단적인 사회생활을 그 나름대로 영위하고 있다. 한국전력에서 전봇대 위에 있는 까치집도 제거하고, 그리고 까치를 사살하려고 공기총을 휴대하고 다니다가 전기 줄 위에 있는 까치 한 마리를 명중시켰다. 그날은 근처에 있던 모든 까치들이 죽은 까치한테 문상을 와서 계속 울어대는 바람에 까치들의 사회성을 엿보게 되었다. 그 후 한 가지 재미있는 일이 생겼는데, 까치를 죽인 한 전직원의 자동차 종류 중에 비슷한 자동차가 지나가면, 까치떼들은 서로서로 경보음처럼 그 자동차가 없어질 때까지 울어댄다.

까치집은 나뭇가지를 입에 물고 와서, 둥지처럼 나름대로 건축물을 만들었는데, 태풍 같은 천재지변에는 어김없이 이재민처럼 집이 부서져 버릴 때도 있다. 떨어져버린 까치집 건축물인 나뭇가지는 제법 부피가 된다. 자세히 관찰하면 까치는 한번 허물어진 건축자재는 쓰지는 않는 것 같다. 재활용하는 방법은 배우지는 못한 것 같고, 멀리서 나뭇가지를 하나씩, 하나씩 물고 와서 둥지를 만들어 간다. 까치는 가까이 사는 사람의 집에는 아무리 좋은 먹거리가 있어도 침범하지 않는 것 같다. 이런 면에서는 아직까지 이웃이라는 예의를 지키는 것 같기도 하다. 까치의 울음소리를 관찰하면 그 나름대로 언어가 있는 것 같다. 보통 때와 다른 큰 소리가 날 때는 무언가 새로운 일이 벌어지고 있다는 것을 느낀다. 해가 질 때쯤 까치들은 단체로 전깃줄이나 논, 밭으로 몇 번씩 오르락내리락 마치 반상회 하는 것처럼 항상 그렇게 행동을 보이다가 제각기 자기 처소에 퇴근하여 돌아가면, 반갑게 맞이하는 새끼 까치소리가 군데군데 나기 시작한다. 이윽고 밤이 되면 밤새도록 별탈이 없을 경우에는 아주 적막할 정도로 조용하다.

〈작가의집 아이들〉 스카프 - 김민정 作

그날은 근처에 있던 모든 까치들이 죽은 까치한테 문상을 와서 계속 울어대는 바람에 까치들의 사회성을 엿보게 되었다. 그 후 한 가지 재미있는 일이 생겼는데, 까치를 죽인 한전직원의 자동차 종류 중에 비슷한 자동차가 지나가면, 까치떼들은 서로서로 경보음처럼 그 자동차가 없어질 때까지 울어댄다.

우보살

　직감적으로 쳐다보았을 때는 평소와는 달리 안하는 행동으로 뭔가 심상치 않은 눈치가 보였다. 보통은 낮에는 항상 서성거리면서 그 자리에서 서 있는데, 이때는 아예 일어날 생각도 않고, 고개를 다른 데로 돌리고 어쩌다가 고개를 돌리다가 눈이 마주치면, 눈에는 열기 같은 약간 충혈이 되어있었다. 뭔가 화가 난 듯한 그리고 뭔가 삶을 결정하는 듯한, 부드럽지는 않는 듯한 마뭇 보통 때와 다른 눈동자의 모습이었다. 먹이를 주어도 먹이도 먹지도 않고, 사람이 옆으로 다가오는 것도 관심 없다는 표현으로 주저앉아서 일어나지도 않았다. 3년~5년 집에 키우면 말은 못해도 머리가 영리한 소는 사람의 말귀를 알아듣는다. 엄마와 나는 소가 좋아하는 밀감껍질을 가지고 갔는데, 아예 고개를 돌려버리고 뭔가 무거운 느낌을 가지고 있는 것 같았다. 보통 때는 가까이 다가와서 내가 자기를 만지는 것을 좋아하는 줄 알고 머리를 내밀고 눈하고 코사이 부분을 만지라고 그 부분을 가까이 들이대고는 가만히 있어준다. 그러면 나는 눈하고 코 사이의 털을 쓰다듬곤 하였다. 조금 이상하다고 생각을 하면서 나오는데 그 집 주인을 만났다.

"소가 이상해요" 했더니, 주인아주머니가 하시는 말씀이 "아마 그럴 거야. 내가 아침에 소를 팔아야 되겠다고 소가 듣는데서 소장수 하고 이야기 했거든. 그때부터 먹이를 안 먹고 저렇단다." 이 말을 듣는 순간 이해가 되었다. 그 아주머니는 또 이런 말을 했다. "소는 아무리 정이 들어도 가는 데는 한군데 밖에 없어. 어떻게 사람하고 같다고 생각하겠어." 이런 말도 이해가 되었다. 여름에 새끼가 안 생겨서 그 집 주인이 항상 걱정을 했었는데, 어쩌다가 새끼를 가졌는데 새끼를 유산되는 바람에 그리고 얼마 지난 그 후부터는 새끼를 가질 수 없도록 소의 자궁이 빠져버렸다.

창자도 아닌, 항문도 아닌 이상한 것이 속에서 쑤욱 빠져서, 소는 불편해하고, 아파서 괴로워하고 그렇게 지냈다. 새끼를 잘 낳아주면 치료라도 하겠는데, 새끼를 가질 수 없게 되었기 때문에 마지막 판결 같은 결정으로 소장수가 다녀갔다. 우보살도 느꼈다. 자기는 주인한테 도움을 줄 수 없는 몸을 가졌다는 것을 알고 좋아하는 먹이도 거절하고, 상황을 짐작하고 있었던 모양이다. 며칠이 지난 후에 우보살에 관한 이야기를 들었다. 보통 다른 소는 소장수 차가 오면 안 가려고 있는 힘을 다해서 버티는데 여지껏 키운 소 중에서 그냥 순순히 따라가는 소는 처음이라고 했다. 그리고 도축장 앞에서 저울에 몸무게를 달고 가면 그리고 곧장 소가 들어가는 문으로 들어가는데, 어떤 소는 그 문에 안 들어가려고 몇 시간을 주저 앉아서 소 울음을 내고 있었는데, 이번 우보살은 몸무게를 달고 난 뒤 그냥 옆으로 두리번 거리지 않고 빠른 걸음으로 도살장 문으로 들어갔다고 이야기 들었다. 자기 자신이 지탱하는 삶이 그동안 많이 힘들었나 보다. 마음으로 결정한 후에는 스스로 빨리 마감하는 길을 택하고 싶었던 것 같다.

  소는 가축 중에서 무게가 있고, 점잖은 편이라서 한자로 소를 뜻하는 '우(牛)'자를 써서 '우보살'이라는 존칭을 내가 만들어주었다. 우보살들도 성격은 제각각 같았다. 작가의집에 내려가서 처음 접했던 소는, 우리 동네의 옆집에 있는 소였는데, 자주 보러 갔었다. 그래서인지 그 근처만 지나가던지 아니면 옥상에 있는 나를 발견하고는 안다고 음메 소리를 하곤 했었다. 봄에 냉이를 캐다가 씻어서 몇 개 주면 냄새를 몇 번 맡아보고는 좋다고 먹는 것 같고, 또 어쩌다가 딸기가 있으면, 딸기 큰 것 하나를 주면 한참 데굴데

굴 혀로 냄새를 맡다가 우리사람들이 맛이 있는 것은 조금씩 아껴 먹는 것처럼 우보살의 덩치에 비하면, 딸기 하나가 별 것 없이 작은데도 금방 먹지 않고, 쪼끔씩, 쪼금씩 음미하면서 아껴 먹는 것을 보았다.

　이렇게 우보살을 조금씩 느낌으로 이해를 하게 되었는데, 우보살의 주인이 소의 값이 제법 나간다고 소를 팔아버렸다. 소를 팔았는데 떠나지 않겠다고 버티는 소의 울음소리에 나는 처음으로 충격을 받았다. 불쌍하고, 눈물 나고, 그렇다고 내가 도와줄 수도 없고, 이렇게 안절부절못하고 있을 때 엄마가 나를 데리고 방안으로 갔다. 이유는 차라리 안 보는 게 낫다고 말씀하시면서…. 그런데 며칠이 지난 후에 그렇게 안 갈려고 버티던 우보살이 꿈에서 우리 집 계단 밑에 와서 나를 기다리고 있었다. 꿈을 깬 나는 지금쯤 우보살이 죽었는가 보다 하고 슬픈 맘으로 베란다로 나갔는데, 이른 아침 시간에 소를 태운 트럭이 우보살 살던 집 쪽으로 향하여 가고 있었다. 재빨리 그곳으로 갔더니 팔렸던 우보살이 돌아왔던 것이다. 이유는 일주일 동안 먹이를 안 먹어서 병이 든 소 같아서 며칠 동안 살던 곳에서 먹이를 먹여서 살을 찌운 다음에 데리고 가겠다고 도로 제자리에 놓고 소장수는 가버렸다. 그동안 소는 단식투쟁으로 돌아가고 싶은 마음에 노련한 소장수를 두 손 들게 만들었다. 15일 동안 소는 편안한 마음으로 먹이를 먹고 살이 올랐다. 15일 그 사이에 우보살을 몇 번 만났다. 만날 때마다 마음속으로 '다음 생에는 사람으로 태어나라.'고 했다.

보름이 지난 후 소장수가 우보살을 데리러 왔다. 우보살은 또 안가겠다고 버티는 소리가 들렸다. 마음이 다급해진 나는 가까이 있는 108염주를 떠나는 우보살의 양쪽 뿔에 걸쳐주면서 "죽는 것도 잠시의 일이다. 조금만 참고 몸을 바꾸어서 만나자." 라고 했더니 그때는 저항도 안하고 조용히 나를 쳐다봤다. 트럭은 시동을 걸고 떠났지만, 우보살은 내가 안보일 때까지 얼굴을 나한테 계속 보고 있었다.

이렇게 하여 옆집에서 소를 팔 때마다 머리에 108염주를 걸어주었더니, 몇 개 안되는 염주가 이제는 남은 것은 하나뿐이다.

개를 사랑한 고양이

진아는 옆집 고양이다. 젖먹이 때부터 깐돌이라는 이름을 가진 강아지와 같이 자랐다. 잠자리도 붙어서 자고 먹이도 같은 그릇으로 함께 같이 한다. 하루 동안 거의 다 같이 행동한다. 깐돌이는 흰 털을 가진 예쁜 개이다. 깐돌이 어미는 메리라는 이름을 가졌다. 메리는 깐돌이와는 달리 털이 짧아서 겨울에는 항상 추위에 떨었다. 먼데서 쳐다봐도 덜덜 떠는 모습이 보일 정도였다. 메리는 조심성이 많고 부지런하다. 메리가 진아를 거두어서 같은 친자식처럼 보살폈다. 그래서 그런지 조금 문제가 되는 것은 진아는 자기가 고양이 라는 것을 모르는 것 같았다. 항상 깐돌이만 따라다닌다. 깐돌이는 수놈이고 진아는 암놈이다. 진아는 깐돌이를 짝사랑하고 있는 것 같다. 깐돌이는 잘생기고 점잖은 편이라 항상 동네 암놈들한테 인기가 많다. 진아는 깐돌이가 다른 개들과 데이트가 끝날 때까지 먼데서 쳐다보며 가만히 기다렸다가 깐돌이 혼자 있을 때는 살며시 다가가서 붙어 있는다.

어떤 때는 맛있는 먹거리가 있으면 깐돌이가 진아를 위협하면 진아는 깐돌이가 다 먹을 때까지 기다렸다가 나중에 국물이라도 있으면 입맛만 다시 볼 정도라. 처음에는 이정도로 깐돌이가 기세 등등하더니, 어느 날 진아가 뱀한테 물려서 뱀독이 올라서 사경을 헤매면서 계속 보름동안 잠만 자다가 겨우 정신을 차리면서 움직이게 되었다. 그동안 보름의 시간이 깐돌이가 진아의 소중함을 알게 해 주는 시간이 되었다.

진아가 회복하고 난 후에는 깐돌이가 달라졌다. 먹을 것이 있으면 진아를 먼저 먹게 하고, 또 동네고양이가 진아를 괴롭히면 같이 옆에서 위협을 주면서 진아의 완전한 하나의 힘이 되게 해 주었다. 진아가 가는 곳에는 이제는 거꾸로 깐돌이가 따라다닌다. 옆에 있는 소중함을 깐돌이는 절실히 느꼈기 때문이다. 그렇게 되기까지는 고양이 진아는 깐돌이를 진심으로 구박을 받아도 순수무구하게 진심으로 좋아했었다.

진아는 자기가 개인줄 알고 착각할 정도로 깐돌이를 위하는 일도 좋아했다.

이제는 하찮은 먹거리가 있어도 혼자 안먹고 하나가 올 때 까지 가만히 앉아서 기다린다.

여유와 여백의 시간은 사람과 동물, 모두 다 한번쯤은 자신한테 되돌아 볼 시간을 주는 것 같다. 잠시 다른 몸을 받았지만 그에 따른 사회성은 모든 생명들과 비슷한 공통점을 느낄 때도 있다. 우리 사람들은 사람 외 모든 생명을 가지는 권리도 있다. 그렇지만 죽이지 않고 보살펴주고, 생명의 소중함의 가치를 느끼게 한다면, 그것은 엄청난 불공이고 복록이다.

불공이라는 것은 모든 생명, 상대의 존중에서 시작된다.

〈작가의집 아이들〉 스카프 – 김민정 作

말복

창밖을 보면
앞집개 메리와 그녀의 연견(戀犬)은
다정한 한때를 보내고 있었습니다.

때론
격렬한 사랑도 나누고
감미로운 휴식과
여유있는 산책으로…

메리의 연견은
보신탕집 개이기 때문에
어느날 갑자기
사라질 운명을 가지고 있지만.

자연이 준

종족의 씨를

아낌없이 남길려고

메리에게 사랑을

듬뿍 안겨주려고 합니다.

마치

마지막 노을진 태양이

작멸하듯이

말복이 얼마남지 않은 시간에…

나는 창밖으로

그들을 보며

다가올 그들의

슬픈 사랑에

가슴아파 합니다…

2003년 8월 3일 경혜가 쓰다

메리의 눈은 시골 아낙네 눈처럼, 사람의 눈 모습을 많이 닮고 있었다. 털이 짧은 관계로 날씨가 추워지면 항상 보기가 안쓰러울 정도로 떨고 다닌다. 다행이 메리의 새끼 깐돌이는 숱이 많고 긴 털을 가졌는데 여름에 무더위에는 그늘을 찾아 축 늘어진 모습으로 입 밖으로 혀를 내밀고 가쁜 숨소리로 힘들게 지내는 것을 보았다.

메리의 연견(戀犬) 주인은 보신탕과 오리를 전문업으로 하는 식당을 하고 있다. 가끔은 손님들이 먹다 남은 오리뼈다귀를 입에 물고 와서 메리한테 주고 간다. 그리고 메리가 그 집에 가서 연견의 밥그릇에 입을 대고 먹어도 메리의 연견은 그저 좋아서 꼬리만 흔들 뿐이다. 지금은 메리와 메리의 연견은 없다. 가슴 아픈 일이지만 예고된 슬픔이었다. 유난히 보신탕을 좋아하는 시골 어르신들이 메리주인한테 가서 메리를 먹거리로 달라고 해서, 메리 주인도 같은 동네 사람들이라서 차마 거절하지 못하고 얼마 되지 않는 돈에 메리를 넘겨버렸다.

자유롭게 목걸이 없이 돌아다니던 메리의 목에 쇠사슬 줄이 묶였다. 그리고 마을회관 경로당으로 끌려갔다. 동네 경로당에서는 물이 펄펄, 김이 날 정도로 솥이 뜨거워질 때까지. 메리 옆에는 메리 새끼 깐돌이는 어미가 가는 길을 죽을 때 까지 지켜봤다. 메리도 이미 예견된 죽음을 알고 있었기 때문에, 반항 없이 새끼 깐돌이를 마지막 눈으로 쳐다보면서 어미와 새끼의 이별시간이 그렇게 진행되었다.

축생의 세계는 축생으로서의 엄청난 복이 아니면 대체로 이렇게 삶의 끝으로 마감한다.

육도 윤회는 끝없는 슬픔이다. 육도를 벗어나는 것은 '도'를 닦고 이루는 것이다.

〈작가의집 아이들〉 스카프 – 이아영 作

36계

흔히 36界로 도망간다고 표현을 많이 쓴다.

먼저 "도망" 에 관해서 살펴보자.

'도망(道望)' 무척 좋은 뜻이다.

'도' 가 '바라는 것(망)' 은 도를 이루는 것이다.

도를 이룬다 함은 윤회를 벗어난다는 말이기도 하다

그러면 지금부터 36계에 대해 쉽게 비유를 해서 설명하자면은

육도(천도, 인도, 아수라, 축생, 아귀, 지옥)에서

인간세계를 예를 들어보자.

1) 천상 생활하는 사람들(최상류층)

2) 인간답게 교육을 받고 예의를 갖추고 인간의 존엄성을 지키는 현재 우리들(인간적인 인간)

3) 싸움으로 영역을 확보하면서 사는 사람들(아수라적인 사람)

4) 동물처럼 매맞고 어쩔수 없이 밥 3끼 얻어먹고 시키는 데로 사는 사람들(축생적으로 사는 사람)
5) 항상 먹을 것이 없이 헤메는 사람들, 지금도 지구상에 많다.(아귀같이 사는 사람)
6) 먹을것도 없으면서 죽음이 경각에 달려 하루하루 지옥같은 삶(지옥같이 사는 사람)

이렇게 하여 인간에서도 6도가 나누어 지듯이
전체 육도를 세분화시켜 6×6 =36 이라고 한다.

또 다시 '개'를 비유하자면은.
1) 주인을 잘 만나서 '천상'의 삶을 사는 개.
2) 인간같은 대우를 받고 사는 개.
3) 싸움을 전문적으로 하는 개.
4) 축생의 대우로만 사는 개.
5) 배가 고파 먹을것이 없어 헤메이다 이미 병이들어 먹을것이 있어도 못먹는개.
6) 하루하루 죽음을 느끼면서 지옥같이 사는 개.

이렇게 6계를 세분화 시킨것이 36계이다.

그러면 우리는 지금 인간답게 통신하면서 이렇게 살고있는것은 28계에 속한다.

그나마 36계에서 복이 있는 편에 속한다.

그러나 36계는 윤회의 대상이므로 여기서 우리의 목적은 36계를 벗어나는데 있다.

열심히 수행해서 36계를 벗어나자.

하루하루의
진실함이
하나하나
등불을
이루고…

불도둑과 쥐

엄마는 다정하지만 냉정하신 분이다. 어릴 때 나와 내 동생을 떼어놓고 선방이나 토굴로 참선하러 가서 3달 동안 열심히 잘 정진하고 오셨다. 지금 생각해보면 자신만의 시간 관리도 잘 정리하고 계셨던 것 같다. 1982년 겨울…. 제주도 양진사에서 보살님 한 분과 토굴생활(절 내에 별도로 건축물을 만들어 일체 모든 사람의 출입이 금지되어 있고, 세 달의 필요한 식량물품 구비해서 참선 외 신경이 안 쓰일 정도로 마련된 처소)을 하기 전에 주지(비구니)스님이 만약 연탄불이 꺼질 경우 주지실 연탄보일러에 있는 연탄불을 가져가도록 약속을 하고 참선에 들어갔다. 참선중 공양주, 불 관리 담당은 엄마였다. 토굴생활 중 제일 신경 쓰이게 하는 것은 바람 많은 제주도 생활에 익숙하지 않은 연탄불관리와 쥐 때문이었다. 연탄불은 낮 시간에는 괜찮지만 밤 (1~2시)에는 가끔 담장을 넘어 주지실 연탄불을 가야 와야 했다. 연탄불은 연탄불이지만

'쥐' 녀석들이 제법 신경 쓰게 만들고 있던 중이었다. '쥐' 녀석들이 나무 찬장을 갉아서 항상 구멍을 내고 찬장 안에서의 뷔페 음식을 난장판을 만들어 놓고 아침이면 돌아가고 또 반복하고. 그래서 쥐구멍을 막다가도 아예 쥐구멍 막는 일은 포기하고 이래나 저래나 쥐 녀석들도 가엽다는 생각이 들어 요리를 하다가 감자토막을 쥐구멍 밑에 놓아주었다고 한다. 토막 난 감자가 20여일정도 그냥 그대로 있었지만 그 이후에 조금씩 감자를 갉아먹기 시작하더라고 했다. 차츰차츰 감자를 먹기 시작하여 당근 ,감자조각을 그 장소에 반복되게 갖다놓으면 쥐 녀석들은 자기네 '몫' 인줄 아는지 그 장소에 있는 먹이만 거의 다 먹고 아주 조그마한 나머지를 남기도 간다고 한다. 이렇게 반복되고 쥐와의 인연이 재미로 느낄 때에는 벌써 2달이 넘어 3달이 가까워졌다. 하루는 연탄불이 꺼져서 또 담장을 넘어 주지실 연탄불을 가지러 갈 때 보일러실 문을 여는 순간 어디서 큰 그림자의 험악한 남자목소리가 들렸다. "잡았다, 불 도둑." 하면서 손전등으로 엄마를 비추더라고 했다. 엄마는 너무 당황하고 놀래서 "누구세요?" 라고 반문을 했었다. 그랬더니 상대방 쪽에서 "난 이 절 주지요!" 해서 엄마는 "이 절 스님은 비구니이신데." 라고 반문하였더니 그때야 그 스님께서 "아하. 저기서 토굴서 참선하시는 분인가요" 하면서 말씨가 부드러워지더라는 것이다. 그 비구스님 말씀으로는 주지스님이 벌써 바뀌어졌고 토굴에 두 분이 두문불출하면서 참선할 때 들리는 죽비 소리는 들었다고 한다. 그런데 주지 방 연탄불이 자꾸 꺼지고 또 불이 자주 없어지는 바람에 너무도 추워서 오들오들 떨다가 기가 막혀 도대체 누가 불을 훔쳐 가는지. 원인규명도 하고 도둑을 잡기위해서 며칠 전부터 지켰다고 했다. 졸지에 불도둑이 되어버린 엄마는 처음 비구니 주지스님과의 이야기를 하고 사과를 했더니 그 주지스님은 이제는 원인을 알았으니까 항상 여유 연탄불을 마련해 놓겠다고 가져가라고 했었다고 한다. 덕분에 정월보름에 동안거(겨울참선기간 3개월) 해제를 하고 제주도를 떠나오기 전 서귀포에 관광을 하고 돌아오려고 하는데 갑자기 폭설이 내려 통행이 막혀 며칠을 서귀포에서 묵었다. 며칠 후 토굴로 돌아와 보니 찬장 밑에 제법 큰 쥐 한마리가 배가 홀쭉한 채 얼어 죽어 있었다고 했다. 찬장 안에 있는 음식은 그대로 건드리지 않았었고 하필이면 쥐들의 먹이장소에서 말이다. 엄마와 무언(?)의 의리 때문에 굶고 기다렸다가 체온이 떨어져서 죽었을까? 아니면? 먹이가 찬장 안에 있었는데 말이다….

〈작가의집 아이들〉 스카프 – 김동희 作

지네

    산사에서 한여름 밤에 모기향을 피우고 방문을 열고 잠을 잤다. 잠을 자는 도중 갑자기 발등에 바늘 같은 것이 몇 개가 쿡쿡 찔렸다. 통증을 견디다 못해 바로 일어나서 불을 켰다. 불을 켜자마자 방문 밖 사이로 15센티 정도 되는 '지네'가 황급히 달아났다. 손전등을 가지고 뒤쫓는 순간 어디로 사라져 버렸다. 발등이 따끔따끔하게 부위를 번지면서 통통 붓기 시작했다. 지네 독이 올랐었기 때문이다. 아픈 통증과 지네 독의 범위는 차츰 번져 발목까지 가고 있을 무렵, 아침 예불 종소리가 들렸다. 예불시간에 나는 아무런 생각 없이 참회를 했다. "혹시 전생에 지네에게 빚이라도 진 게 있으면 용서 하십시오." 예불이 끝나자마자 발의 통증과 부위가 조금씩 없어지기 시작했다. 그리고 아침 공양 후 차를 한잔 마시면서 가까운 담장을 보는 순간, 중지정도 크기의 손가락만한 지네 한마리가 지나가고 있었다. 밤새 시달려온 것을 생각해보니 좀 괘심한 생각이 들어서 가까이 있는 빗자루를 가지고 내리치고 싶은 생각이 들었다. 그래서 빗자루를 가지고 내리치는 순간, 지네의 등에 약간 이상한 반복되는 무늬가 보였다. 내리치는 것을 잠시 미루고 지네 등을 자세히 보았다. 등위에서 자기 몸길이의 3분의 2정도 되는 동생 지네를 업고 있었다. 나는 그 순간 그 지네들에게 체벌하거나 죽이는 자격을 박탈당하고 말았다. 한갓 미물인데도 형이 아우를 등위에 업고 느리게 지나가고 있었기 때문이다. 지네들 세계에도 형제애가 있었으니 말이다.

작가의집 거실 나무 바닥은 더위에는 비닐장판지보다 땀에 배인 옷이 몸에 감기고 달라붙어버리지 않은 청량감을 느끼게 해준다. 여름밤의 모기소리와 한바탕 전쟁을 일으키고 난 후에 땀을 식히려고 마룻바닥에 큰 大자로 누워 있다가 그대로 잠이 들어버렸다. 밤 12시 정도에 어깨 부위에 바늘 2개가 푹 찌르는 바람에 통증을 못 이겨서 "아야!" 소리를 냈더니 엄마는 재빨리 형광등 불을 켰다. 그리고 주위를 두리번두리번 살피더니 20cm나 되는 검은 지네가 황급히 달아나는 것을 발견하고 손으로 잡아서 바닥에 내동댕이쳤다. 지네는 기절하여 금방 움직이지는 않았다. 그리고는 밖의 침목 베란다 발코니에 던져놓았다. 따끔따끔한 통증과 함께 어깨는 자꾸만 부어올라갔다. 어깨와 심장사이는 10cm 정도 간격이라서 그 시간에는 병원도 못가고, 참으로 당황했었다. 그때 갑자기 생각이 난 것은 지네한테 첫 번째 물렸을 때처럼, 빠른 속도로 절을 했다.

피의 속도가 빠르다보니 자체적인 해독작용이 시작되어 30분 정도 지난 후에는 통증과 함께 부어오르는 부위가 조금씩 내려가기 시작했다. 작가의집 뒤에는 대나무 밭이 있어서 여름에는 곤충들과도 마찰이 많다. 문밖에서는 곤충들을 봐도 그냥 내버려두지만, 문 안에 들어오면 나는 '주거침입죄'를 적용하여 적당할 정도로 처벌을 한다.

아침이 되어 베란다 발코니에 밤에 던져놓았던 지네를 보러 갔더니, 그 녀석은 정신을 차려 자기 집으로 돌아갔다. 그리고는 사람들한테 밤새 일어났던 지네 이야기를 해주었더니, 어느 학부형이 이렇게 이야기 했다. "그거 약인데 왜 놓쳤어요. 뜨거운 프라이팬에 다글 다글 볶아 말리면 허리 아픈 사람이 가루를 내어 복용하면 좋대요." 그 말을 듣는 순간, 나는 속으로 지네한테 이렇게 말했다. '너 나를 만나서 재수는 좋구나.' 라고.

〈작가의집 아이들〉 스카프 – 선희진 作

3. 이 몸을 버릴지라도

상류계곡의 험악한 천 길 낭떠러지 폭포수 위로 오르는 잉어의 몸을 버릴 정도의 필사적인 몸부림의 과정을 거치면서 폭포수 물길을 헤치고, 폭포수 위로 올라가려고 하다가 거의 다 오르지 못한다. 어쩌다가 한 마리가 오르면 그것은 '등용문'이 되는 것이다. 이와 같이 우리도 극도의 수행이나 노력이 있어야 만이 자기 자신이 원하는 바를 얻게 되는 것이다.

3. 이 몸을 버릴지라도
— 수행자처럼 사는 물고기

상류로, 상류로

자연은 모든 생명에게 최고로 좋은 선물을 맡겼다. 그것은 하나씩 하나씩 자기 의지에 의하여 스스로 난관을 뚫고 나가게 만드는 것이다. 각각의 생명체들은 쾌적하고 좋은 생활을 영위 하려는 환경을 본능적으로 되어있는 바코드처럼, 잠재의식화 하여 스스로 보호하면서 삶의 향상을 꿈꾸어 왔던 것 같다. 먹거리가 풍부하고 다른 생명체에 침범 받지 않은 자유로움과 평화로움은 인류의 희망사항과 동시에 모든 생명체도 해당된다고 볼 수 있다.

자손을 잉태하여 희생을 감수하고 곱게 기르고, 그 자손 역시 부모보다 한걸음 나은 사람으로 자손에게 환경을 마련해 주려고 한다는 사실이 또 하나의 경이로움에 속한다.

　우리 사람들은 교육을 위해서 환경이 나은 곳으로 이사를 하면서, 좋은 학교와 학군에 들어갈수록 자신의 경쟁체제에 들어간다고 생각하는 것처럼, 물고기들도 나름대로 미래를 생각하고 성장하는 것 같았다. 어느 정도 움직일 정도로 성장이 되면, 육지보다 넓은 바다 수면은 마음대로 생존경쟁체제로 들어간다. 같은 종류와 떼 지어 다니는 종류가 있는 반면에 홀로 한적한 곳에서 삶을 즐기는 부류도 있다. 어쩔 수 없이 한적한 곳에 있는 녀석들은 때를 놓쳐 같이 합류하지 못하고 아주 조심스럽게 경계를 하면서 주거지를 떠나지 못하는 녀석도 있다.

　'물' 이라는 것을 내면으로 바라보면 정적인 것으로 비유될 수 있다. 반면에 물결이라는 것은 동적인 의미가 부여된다. 흔히 좋은 곳을 가리켜 말하는 것 중에는 '물이 좋다' 고 표현한다. 여기에서의 '물' 은 '차원' 이라는 의미도 포함된다. 그리고 동시에 움직임이 많은 것을 말할 때는 인파의 물결, 단풍의 물결, 등등 비유로써 표현을 많이 한다. 이것은 감각의 느낌도 포함이 될 수도 있기 때문에, 물고기도 성장하면, 먹고 먹히는 약육강자로 거듭나면서 나름대로의 삶의 지식을 습득한다.

이런 현상은 우리 사람들한테 비유하면 현장의 생활전선에서 단련되는 과정이다. 이렇게 연륜의 지혜가 되어서 각자의 생활방식으로 개성이라는 취향의 느낌으로 습관이 조금씩 다르게 변화한다. 비슷한 모습이지만, 의지와 집념에 따라 새로운 여유와 자유스러움의 방식을 선택한다.

연어는 알을 낳을 때는 잠재의식 속에 회귀본능이라는 나침판을 찾아내어 어릴 때 알에서 부화했을 때 느꼈던 장소를 목적지점으로 활용하면서 자신의 알은 자신의 어미가 희생한 것처럼, 알의 부화에 알맞은 깨끗하고 쾌적한 상류로, 상류로 찾아오는 모험이 시작된다. 알을 위해서 먹는 것도 잊어버릴 정도로 멀고 먼 행로에서 돌과 바위모서리에 몸은 찢기고 상처받으면서도, 일념으로 죽음을 각오한 여행이 시작된다. 여행 도중에 새, 또는 동물에 잡혀서 죽음을 당하기도 하면서 거칠고 거친 길은 목표지점, 즉 알을 낳을 장소가 가까워질수록 생명의 담보가 더욱더 치열해지고, 많은 연어 떼 중에서 돌아오는 도중에 상처받고 사상자도 많지만, 자연은 또 하나의 생명탄생이라는 축복을 동시와 반환하게 해 준다. 그리고 그 생명을 지키기 위한 의무를 주어서 알의 부화를 마지막 남은 시간으로 연어의 생은 마감된다. 예사로 넘기면 그냥 지나칠

수는 있지만, 연어의 한평생이라는 각도에서 보면 연어로서는 위대한 삶이었다. 그것은 자연의 종족은 그대로 이어지게 만들었다는 것이고, 또 하나는 자신보다 자식만큼은 상류의 좋은 물에서 쾌적한 환경에서 부화시키고 싶은 간절함도 있기 때문이었다.

〈작가의집 아이들〉 스카프 - 선희정 作

〈작가의집 아이들〉 스카프 – 김미지 作

등용문(잉어의 등용문)

무엇 때문에 죽음도 불사한 몸부림은
끝없는 열정으로 가고 있었다.
자신의 몸 전체를 투자로 던져버리는
자기 의지와의 싸움으로 가고 있었다.
그것은 애절하고 간절하게 이 몸을 버릴지라도
하다가 죽는다 할지라도 처참한 눈물은 이미 없어져 버렸다.
천 길 낭떠러지 폭포수는 이생에서 마지막 선택한 삶이 되었다.

무서울 정도의 고독, 그리고 벼랑 끝에 매달린 의지,
시시각각으로 다가오는 죽음의 그림자,
그러면서 조여 오는 절박감
폭풍우 같은 물길 사이 틈을 헤쳐가면서
한 뼘, 한 뼘 움직이는 속도마저 자꾸만 느려져 가고,

마지막 끈이라고 믿어왔던 정신마저도 흐려져 간다.

절박한 상황이 목을 조여 오면서 호흡마저 곤란을 느낀다.

그렇지만 또 조금 움직여 올라간다.

죽더라도, 조금이라도 더 가까이에 있다.

희망도 열정도 이제는 그것마저도 사치와 허영이다.

이제는 조금만 움직여도 움직일 힘조차도 없다.

마지막 힘은 오로지 호흡 하나에 달려있다.

그래도 선택한 길은 가야만 한다.

여기서 호흡이 멈추면 천 길 낭떠러지 폭포수 아래다.

처음 시작해서 올라오면 다시 원점으로 나의 몸은 떨어져서

처참하게 이 세상을 마감하게 된다.

그렇게 마감된다 할지라도 막연히 알 수 없는

하고자 하는 마음의 의지가 거대한 천둥소리와 함께

큰 바위처럼 산산이 부서질 것만 같았다.

매서울 물길에서 가느다란 실이 끊어질 듯 말 듯

매달려 있다가 흐려진 시각으로 조금 위에 의지할 곳을 잡아,

또 한 번 움직인다.
이미 나의 호흡은 오로지 하늘 하나만 의지했다.
나의 삶조차 내 것이 아니고,
하늘이 그만하라고 하면
이끼 낀 매끄러운 의지할 곳 없는 여기 폭포수 절벽에서,
하늘이 그만하라고 하면 여기서 멈출 것이다.
그리고 떨어질 것이다.

그렇지만 하늘은 아직 희미해져 가는 눈에서
금방 떠나지 않았다.
그래서 조금씩 아주 작게, 조금씩 또 작게 조금씩
그러다가 이제는 하늘마저도 나한테서 떠나가려한다.
마지막 몸부림으로 증명하고 있다.
절박한 삶은 다음 생을 기약하면서
희미함 시각마저 내게는 보이지는 않는다.
또 희미하고 좀 더 희미하고 보일 듯 말 듯하다.

몸은 절벽에 올라가면서 피투성이가 되고

아픔과 갈기갈기 찢어질 듯한 상처가 온몸으로 파고들어
몸의 상태도 이 세상을 마감할 단계로 준비 되어있었다.
이제는 지탱할 힘도, 의지도 아무것도 없다.

천 길 낭떠러지 힘들고 험악한 폭포수 여행에서
마지막 지점으로 이제 눈만 감으면 모든 게
생의 단계가 마지막이다.

아픔과 처음 시작할 때 같이 오던 그 수많은 동료들은
폭포수를 올라오면서 세차게 바위처럼 때리는 낙하하는
매질하는 매서운 속도 물길에 떨어져 죽고,
기력이 떨어지고, 의지가 약해서 죽고,
올라오는 도중 삼각 피라미드처럼 탈락이 된다.
올라갈수록 극소수의 꼭짓점처럼 많이,
수없이 많은 동료들은 이미 보이지 않았다.

이제는 그 많은 동료들이 떨어진 것처럼
어쩌면 그것이 내 차례가 되는 것 같다.

조용히 자꾸만 무거워져 오는 눈동자를
다시 약간씩 힘을 올리면서
또 근처 조금 위에 잡을 수 있을 곳을 보고
그쪽으로 옮기려고 몸부림 쳐본다.

사방으로 끈 하나 잡을 데 없는 포위된 상황에서
마지막 내 생의 마지막 하늘의 명령 같은 법신이
떠나자고 하면 이제는 떠날 것이다.
떠날 마음으로 이 몸을 포기하는 순간에 순간과 동시에
마지막으로 한호흡 끝으로 좀 더 오른 이쪽에서
이 몸을 포기하고 버릴려고 한다.
이제는 눈동공 마저 닫혀 버렸다.

여기까지 후회 없는 삶으로 이 몸을 버리려는
마지막 순간의 찰라에서 새로운 세계가 보인다.
몸과 마음까지 버리고 그토록 간절하게 원했던,
얻고자 하는 것은 생명을 포기한 순간에
폭포수 위에 새로운 세상이 펼쳐져 있다.

잉어가 그렇게 간절하게 원했던 등용문의 세계였다. 물고기들의 의지와 원력의 삶도 그냥 생기는 것이 아니라 몸을 버릴 정도로 죽음과도 바꿀 정도로 처참한 과정을 거쳐야 되는 천 길 낭떠러지 절벽을 오르는 물고기의 모습처럼 우리 사람들도 원하는 목표지점도 그냥 쉽게 얻어지는 것이 아니라, 엄청난 의지와 집념, 그 값어치는 그 어떤 무엇과도 바꿀 수는 없는 것이다.

중국 황하강의 상류계곡의 험악한 천 길 낭떠러지 폭포수위로 오르는 잉어의 몸을 버릴 정도의 필사적인 몸부림의 과정을 거치면서 폭포수 물길을 헤치고, 폭포수 위로 올라가려고 하다가 거의 다 오르지 못한다. 어쩌다가 한 마리가 오르면 그것은 '등용문'이 되는 것이다. 이와 같이 우리도 극도의 수행이나 노력이 있어야 만이 자기 자신이 원하는 바를 얻게 되는 것이다.

바다신선 산갈치

바닷물고기가 신통묘용을 부린다면 얼마만큼 신뢰가 가능할까? 처음 그런 이야기를 들었을 때, 의아하게만 생각했다. 깊은 바다 깊숙이 서식하고 있는 산갈치는 어쩌다 사람들 눈에 보인다면 그것은 두 가지 측면에서 생각을 해볼 문제다. 하나는 심해어(深海魚) 종류가 육지나 물 가까이에서 보인다면 아마도 지각변동의 감지를 느껴 물가로 피신하기 위함이고, 또 하나는 수행에 의한 신통묘용이라고 볼 수 있다. 깊은 바다 밑에서 육지에 대한 동경으로 그 동경이 물고기에게는 꿈으로 변해 버렸다. 동경은 최대의 희망이 되었다. 많은 시간을 두고 일념이 되어 물고기 종류는 먹는 것 외에 마치 수행하는 수행자가 화두를 일념으로 간직하는 것처럼 육지에 대한 동경이 초능력을 발휘하게 된다.

호기심 발동으로 초등학교에 다닐 때 막연히 비룡 노스님께 질문을 했다.

나 바닷물고기도 '도'를 닦나요?

스님 그럼, 도를 잘 닦고 있는 물고기도 있어.

나 그걸 어떻게 증명하죠?

스님 물고기나 축생은 먹는 것 외에 생각을 안 하는 편이고, 인간보다는 단순한 편이지. 인간은 문화체계와 지능지수가 높다보니, 오감으로 느끼는 범위가 생각을 많이 하게 되어 망상지수도 높은 편이고, 하지만 물고기는 먹는 것 외에 다른 생각이 별로 없어서 오히려 일념이 빠르게 될 수도 있고 오래된, 경륜이 쌓인 놈은 사람이라도 손을 못 댈 부분이 있단다.

나 그럼 물고기가 먹는 것 외 한군데 일념으로 집중하면 신통이 생기나요?

스님 그렇지. 예를 들면 산에 있는 산갈치 라고 있단다. 원래는 바다갈치지만 산에서 잡혀서 산갈치 라고 한단다.

나 바다에 있는 갈치가 어떻게 산에서 잡혀요? 그리고 혼자서?

스님 그러게 말이다. 갈치 등 부분의 칼날 같은 것이 날카로워서 풀, 갈대 같은 종류는 스쳐지나가는 도중에 등지느러미에 의해 베어진단다.

나 한 번 본적이 있나요?

스님 직접 본 적은 없지만 몇 년 전에 산갈치를 잡았다고 어느 주유소에서 사람들한테 보여주고 있다고 하는 이야기를 들었단다. 산갈치는 한번 외출하면 산에서 15일 정도 지낸단다. 그러다가 돌아갈 시간을 놓치면 사람들 눈에 띄어서 잡힌다. 산갈치 뿐만 아니라 다른 종류의 대형 물고기도 가끔은 그럴 경우도 있는 모양이다. 다른 종류는 텔레비전에서 사람들이 봤다고 나오는 것 같단다.

어릴 때 그 당시에는 옛날 전설 같은 이야기로 들렸었다. 그런데 대학시절 어느 날 63빌딩 수족관을 관람한 적이 있다. 입구에 들어가는 순간 놀라운 사실을 발견했다. 입구 오른쪽 벽면에는 육지에서 잡은 산갈치가 얌전하게 박제되어 있었다. 코와 눈, 주둥이 부분이 필사적으로 저항한 흔적이었는지 떨어져 나간 상태였다. 지금도 있는지 모르겠지만 그 당시 생전의 바다신선에 대한 소개가 짤막하게 적혀있었다.

산갈치 존재가 까마득하게 잊을 때쯤 또다시 산갈치 이야기를 듣게 되었다. 길이 4m, 폭 30cm 가량 되는 대형 산갈치가 강원도 강릉의 정동진리 모래시계 공원 앞, 해안가에서 2005년 10월 7일 오전 10시 30분쯤 발견 되었다고 했다.

4. 수행의 경지

말후구는 옛날의 큰스님들의 어록을 보면 항상 등장하고 있지만 수행이 도달되지 않으면 알지 못하고 그냥 지나간다. 큰 스님들의 망상이 제거된 상태에서, 즉 망상이 죽어버린 상태에서 말을 하는 것을 '사자후'라고 한다. 마찬가지로 '말후구' 역시 망상이 제거된 상태에서 '선어' 중에서도 결정적인 언어의 전자파장은 공간을 뛰어넘어 엄청난 힘을 발휘한다.

4. 수행의 경지

선어(禪語)란?

　선어는 시간과 공간을 초월하는 불립문자로써 양자가 함께하는 쌍차쌍조가 일치된다. 이것은 주위 모든 사물도 함께 어우러진 언어가 된다. 지극한 정성과 마음이 모이면 일반 사람들은 현몽이라 하며 상서로움을 예리한 꿈의 형태로 메시지로 전해질수 있지만, 선어에서는 현재 상황을 꿈으로 환원되어 생몽이라고 해석할 수 있다.
　여기서는 모든 게 언어가 되어버렸기 때문에 선어로 이야기를 주고받을 때는 몇 마디가 모든 상황을 흡수하여 함축어가 되어버린다. 도적은 도적을 알아본다는 말이 있듯이, 일반사람이나 수행한 사람들이 끼리끼리 분류가 되어 주고받는 언어가 자세히 관찰하면 참으로 의외의 일도 있다. 법과 법끼리 라는 말이 '도와 도'가 만나서 선어로써 주고받음도 '법거량'의 일종이다. 법거량도 이기고 지는 경우도 있기 때문에, 수행하는 사람들은 뼈있는 말로써 남을 해치는 말은 되도록이면 하지 않는다. 그것은 인연법과 인과법이 연결되어 있기 때문이다.

깨달음을 얻은 사람은 가끔 뜻에 맞는 사람을 찾을 때도 있다. 그래서 수행한 사람을 만나서 과거, 현재, 미래라는 삼생의 이야기를 나누는 것을 즐겨한다.

오후불식이라는 것은
깨달고 난 후에는
아무 생각을
않는다는 뜻이다
이것을
쌍차쌍조라 한다

참선의 절대경지

어떤 한 스님이 경전으로써 수행의 깊이를 판단하는 잣대로 평가를 하려고 했었다.

교리에는 경전이 반드시 필요하다. 그렇지만 경전만 가지고는 윤회를 벗어나지 못한다. 경전은 마음자리를 설명해준 책이다.

대방광불화엄경의 엑기스는 보현행원품이고, 보현행원품의 엑기스는 예불대참회문 이다. 즉 108배를 하면서 자신 자신을 바라보는 하심과, 모든 생명에 대한 공경을 바탕으로 하여 말한 것이다. 금강경의 엑기스는 반야심경이다. 공의 이치를 적절하게 설명했고, 법화경의 엑기스는 관세음보살보문품이다. 관세음보살보문품은 이심전심 법으로 간절하게 원을 세우면 이루어진다는 표현을 빈틈없이 잘 설명되었다.

이와 같이 팔만대장경은 종교의 가르침을 바른 이치대로 행하도록 방대하게 표현하고, 마음자리를 학문적으로 체계화했지만,

교외별전인 마음자리는 직접 체득해야만 할 수 있는 것으로 '참선'으로 인하여 직접 바로 자신의 경지를 찾아야 되는 것이다.

그래서 가장 한국적인 표현은 구경각이다.

구경각은 자기의 법신을 보는 경지이다.

효봉스님은 문수보살의 앞33 뒤 33에 대해 앞 33 뒤 33 사이에 투명한 것이 있었다고 설명했다.

이것은 예를 들면, 우리가 바람이라고 하는 것은 우리의 피부를 스쳐지나가고, 몸에 시원한, 보이지 않는 공기가 부딪히고, 또 나무가 흔들리고, 나뭇잎이나 종이가 날리는 모습에서 그러한 움직임의 현상을 흔히 부르는 바람이라고 한다면, 실제의 바람이라는 모습은 투명해서 육안으로는 보이지는 않는다. 바람은 눈에 보이지 않는 움직이라고 한다면 물결(水波)은 눈에 보이는 바람이다. 투명한 움직임을 표현하는 것과 마찬가지로 법신의 모습도 빛의 3요소와 사물이 어울러져 투명하게 보여 진다. 그런 경지에서는 조사스님들의 선어가 전부다 이해가 되고, 또한 일자무식한 사람도 그 경지를 표현할 줄 알게 된다. 여기에서는 고금(古今)이 없으며, 즉 앞이나 뒤가 없으며 좌, 우, 이쪽과 저쪽이 끊어진 자리이다.

이것이 참선의 최고 정점 필경 요소인 절대의 자리이다.

말후구

옛 조사스님이나 깨달은 도인 중에서 선문답으로 할 때
주고받는 팽팽한 선문답에서 결정적인 답이 있다.
그것은 명쾌한 해답으로 '말후구' 라고 한다.
말후구는 하나의 예언 같은 공간적인 언어로
부처님의 수기 같은 종류이다.
일반 사람들은 도저히 알 수 없는 '공간의 세계' – 불립문자를
함축된 언어로 표현하면서 선어의 상거래 라고 할 수 있다.
그 말후구 한마디에 운명도 결정될 수가 있다.
예를 들면 성철 큰스님과 엄마의 선문답에서
주제는 '나(경혜)' 에 관해서 문답이
선어와 선어로써 주고받으면서 결정적 해답 같은 말
"너거 아(아이)는 국민학교 5학년이다."
"야이, 가시나야. 니, 오래 살아라." 같은 선어가 말후구이다.

말후구는 옛날의 큰스님들의 어록을 보면 항상 등장하고 있지만 수행이 도달되지 않으면 알지 못하고 그냥 지나간다.

큰 스님들의 망상이 제거된 상태에서, 즉 망상이 죽어버린 상태에서 말을 하는 것을 '사자후'라고 한다.

마찬가지로 '말후구' 역시 망상이 제거된 상태에서 '선어' 중에서도 결정적인 언어의 전자파장은 공간을 뛰어넘어 엄청난 힘을 발휘한다.

선가(禪家)의 유명한 덕산스님의 "바리때를 들고"라는
말후구가 있다.
이것은 종문(宗門)의 '공안'으로 오랜 시간동안
은밀하게 뜻을 전하는 것이다.
그러나 현재의 '말후구'는 성철큰스님의
우리시대에 호흡을 같이하는 공간개념의 공안이라서
이해하기가 쉽다.

참선의 자세

참선은 꼭 '좌선' 만이 참선은 아니다.
현대인의 일상생활에서 바쁜 와중에서도 자기 자신을
언제든지 관찰할 수 있다.
움직이면서도, 앉아서, 한곳에 머물면서,
그리고 잠을 자기 전에 누워서 등등
언제든지 '이뭐꼬' 가 될 수 있다.
잠시 버스나 지하철 타고 가면서도
자기 자신을 관찰 대상으로 하면서
이렇게 움직이는 본래의 모습이 '이뭐꼬' 라고 관(觀)할수 있다.
좌선은 심리적으로 최고의 편안한 상태를 유지하기 때문에
전통적으로 제일 적합한 방법으로 내려오고 있다.

자기 자신의 몸을 법당으로 삼으면 오고가고 하는 것이

아무 상관없이 진행될 수 있게 습관화 하는 것도 중요하다.
'이뭐꼬'라는 화두를 '단전'에 생각방향을 설정하면
참선의 방해요소인 '상기' 현상을 막을 수 있다.
'상기'는 마치 고혈압처럼 머리에 기운이 모여 열병 같은
형태로 참선을 포기하는 원인중의 가장 큰 원인이다.
배꼽 밑 1인치 즉 2.5cm 정도에 마음자리를 모으고
화두를 들면서 먼저 좌선으로 몸을 익힌 다음에
행선, 주선, 와선으로 적응력을 키워 일상생활에
바로 접할 수 있게 한다.
우리가 길을 걸으면서 '이뭐꼬'를 하는 것과
절하면서 자신을 관하는 것을 행선이라고 생각하면 된다.

물 그릇을 담는 용기에 따라 물의 형태로 남듯이, 그는 모든 생명체의 모양에 따라 마치 물처럼, 온 몸 전체로 바람처럼 투명하게 퍼져 있다. 안(眼), 이(耳), 비(鼻), 설(舌), 신(身), 의(意) 같이 육근의 감각 작용은 물처럼 꽃의 형태로 느낌을 만들어, 정작 그는 한걸음 물러나서 말없이…, 말없이…

우리가 찾는 그는, 다가설 수 없을 정도로 완벽하다. 최고의 경지 구경각에서는 나는 그를 바라볼 수 있는 것만 허용하고, 그 외, 그는 아무것도 허락하지 않았다.

여기서 그는, 우리 모두가 가지고 있는 법신이라는 존재이고, 법신은 바람처럼 투명하고, 청아하고 장엄하다고 할 수 있다. 시각으로 볼 때는 빛의 3요소에 의해 육신의 눈이 아닌 마음의 눈으로 보여지기 때문에 그 순간에는 '나'라는 인식조차 잊어버리게 된다.

5. 무기공 아닌 유기공의 세계

참선은 단전에 편안하게 도달하기 전에는 망상이라고 할 수 있다. 내공을 몸의 균형으로 생각하면, 가장 편안한 중심적인 자리가 단전이다. 단전에 들어가면, 망상이 끊어져서 몸의 트인 공간처럼 아주 편안해서 망상이 없어지고, 마음의 눈으로 그 자리를 항상 응시 할 수 있다. 이것은 나의 전용 항아리에 언제든지 혼자서 들여다 볼 수 있는 것처럼, 단전의 자리는 그런 자리이기 때문이다.

5. 무기공 아닌 유기공의 세계

우리가 숨을 쉬고 있는 '空'의 세계

몸속으로 들어가서 심장의 박동을 느끼게 하면서 내어 뿜을 때는 눈에 보이지는 않지만 우주의 기체처럼 투명하다. 기체는 투명한 성질을 내포하지만, 여러 가지 분자와 원자 활동으로 각각 다른 성질을 가지고 있는 것 같다.

인간들한테 코드가 맞는 성질을 가진 기체가 있는 반면에 전혀 반대의 성질도 있는 것 같다. 우리 몸은 지구라는 별의 영양성분으로 만들어졌기 때문에 지구 외 다른 별에는 적응하기가 힘들게 만들어진 구조다. 사람의 몸을 공의 이치에 적응하여 본다면 분자에서 원자로 이어지면서 마치 쇠사슬, 체인처럼 먼지 같은 연결고리가 되어있고, 연결고리 사이에는 텅 비어있는 공이라서 오고감이 없는 물체로 보여 질 수가 있다.

　실제 육안으로는 우리는 바쁘게 생활하고 움직이고 하지만, 공의 세계 즉 우주적인 입장으로 보면 그렇지 않은 것 같다. 우리 육안으로 달이나 화성에 우리 같은 생물체를 판단하기는 좀 그런 것 같다. 우리 육안으로는 그곳의 생물체를 볼 수 없고, 달과 화성인의 육안으로는 지구의 우리 사람을 볼 수 없을지도 모른다. 그렇지만, 극과 극은 통하는 법이라서 우주의 기체와 우주적인 햇빛 에너지를 이용한다면 어쩌면 만분의 일이라도 통하게 된다면 어떤 일이 생길까?

　이심전심법이 상대성 이론처럼 '공의 세계'가 느껴진다. 육안으로 설명할 수 없는 일 중의 하나가 예를 들면 제주도에 가면 제주에서 중문 서귀포로 가는 길목에 도깨비 같은 언덕이 있다. 분명 오르막인데 가만히 세워둔 차가 오르막으로 올라가는 현상이 있다. 정밀하게 보면 지형이 낮은데 육안으로 보면 지형이 높아 보이는 현상처럼.

물질이 허공, 허공이 물질

다이아몬드의 투명한 아름다움은 인간세계에서 보면 보석 중에 보석이다. 투명한 조각 같은 아름다움은 많은 사람들 사이에 사랑을 받고 있다. 아름다움과 동시에 제일 단단하고 견고함으로 영원성을 상징하여 주로 결혼예물로 많이 애용한다.

그 단단함은 가루가 될 정도로 부수기는 힘들지만, 불이 났을 때 눈에 보이지 않는 이산화탄소에는 흔적조차 남기지 않는다. 이것은 허공이 곧 물질처럼 작용함을 느낀다. 우주 전체로 퍼져 있는 수소도 사용하면 그 작용의 힘은 강력하다. 이러한 예를 본다면 허공에는 무지무지한 에너지 자원이 있다는 것을 알 수 있다. 석유에만 의존하는 우리 지구사람이 이제는 에너지의 자원을 허공 속에서 찾아내야 될 것이다. 햇빛도 생물체들의 강력한 에너지다.

바람은 지구 적도에서 온도에 따라 미세하게 움직이다가 수증기의 입자들을 끌어당기면서 하나의 거대한 태풍이라는 파괴적인 에너지로 다가온다. 앞으로 과학이 발전되면 태풍, 번개, 천둥 등등을 '-'를 '+' 요인으로 바꾸어 보관하면서 우리 일상생활에 필수품처럼 조금씩, 조금씩 꺼내어 쓰면 좋겠다고 생각할 때도 있다.

물은 물 속의 꽃이고
공기는 공 속의 물이었다
이렇게 보이지 않음에서
서로의 인연처럼
연결되어 있고…

노예가 된 공기 물질

자동차 타이어에 에어를 주입하고 고속도로를 진입하면서 재미있는 현상이 눈에 띄었다.

그것은 대형 화물차였다. 대형 화물차는 옆에 지나가기만 해도 육중한 부피와 무게가 엄청난 심리적 부담을 느끼게 하여 가까이 오면 피하고 싶은 잠재적인 충동을 느낀다. 그런데 한 가지 재미있는 현상은 육중한 무게로 타이어에 있는 공기가 감당하면서 지탱하고 있었다. 공기는 눈에 보이지는 않지만, 가벼운 존재처럼 항상 느껴져 왔었다. 타이어 속에 에어 공기들이 모여 팽팽함을 유지하면서 적당량의 힘의 발휘가 새삼스레 상당하게 느껴졌다.

그러다가 펑크가 나면 공기는 재빨리 빠져나가 다시 우주의 질서 체계처럼 공기의 흔적을 남기지 않는다. 마치 사람들의 완전한 자유주의자처럼, 가두어서 억압될 때의 중압감처럼 긴장되어 있을 때는 공의 물질화가 되는 것 같다. 또 하나 재미있는 현상은 스티로폼 같은 경우에는 잔잔한 알갱이 속에 에어가 들어가서 습기, 냉방, 온방등 보온재와 차단 역할로 건축물에 사용되지만, 옥상 위에 물탱크 밑에는 5센티 정도 두께의 스티로폼을 깔았는데. 얇고 잘 부서지는 스티로폼이 물탱크의 무게를 감당하고 또 부서지지 않는 것이 갇혀있는 공기의 작용이 더욱더 재미있게 느껴질 때도 있다. 참지 못할 정도의 가벼운 존재가 어떤 때는 엄청난 무게도 감당하고 있으니 말이다.

내공은 사람의 단전부터 시작하는 것이므로, 참선은 단전에 편안하게 도달하기 전에는 망상이라고 할 수 있다. 내공을 몸의 균형으로 생각하면, 가장 편안한 중심적인 자리가 단전이다. 단전에 들어가면, 망상이 끊어져서 몸의 트인 공간처럼 아주 편안해서 망상이 없어지고, 마음의 눈으로 그 자리를 항상 응시 할 수 있다. 이것은 나의 전용 항아리에 언제든지 혼자서 들여다 볼 수 있는 것처럼, 단전의 자리는 그런 자리이기 때문이다.

집중적으로 고요하게 화두의 '이뭐꼬' 가 시작된다. 이때부터가 참선의 시작이다. 이것은 신선도에서는 경락이 트여 도의 자리라고 말하지만. 사실은 참선 수행의 기초 자리이다. 자기중심적 자리의 기초이기는 하나, 일반적으로 수행하는 사람들 중에서 여기서 머무는 시간이 참으로 긴 것 같다. 너무 편안해서 아예 도의 자리처럼 안주하려고 하는 것 같다. 여기는 무기공의 세계이기 때문에 한걸음 더 나아가서, 내·외공을 동시에 접해야 한다.

내·외공이 되면 안팎이 통하기 때문에 이것이 몸에 배면 단점 중에 하나가 생각과 행동으로 천진하게 드러내어진다. 마치 어린아이처럼 좀 더 단순해지고, 아무리 자기 자신을 거짓으로 포장을 하려고 해도 포장이 안되고 스스로 진실해진다. 이때는 세속 사람들과의 차이가 조금씩 난다. 세속은 자기 이익을 위해서 여러 가지 방법을 동원하지만. 수행하는 사람은 좀 더 단순해진다.

내외명철은 천진하여 보고 ,듣고, 생각하고 하는 것이 진실하다. 이런 참 수행의 단계에서 시방공을 접하게 된다. 시방공은 무기공이 아니고 유기공이다. 구경의 단계가 가까워지고 있는 것이다. 이것은 우주와 무한정으로 연결되어 있다.

〈작가의집 아이들〉 스카프 - 오효은 作

비구니 스님의 내·외공.

조금 전에 이야기한 내·외공에 접해서 일상 정신적인 세계는 위선이나 가식은 없는 편이라고 할 수도 있다. 예를 들면 나의 엄마가 제주도에서 참선 수행을 위한 토굴생활을 하기 며칠 전에 제주도 천왕사에 머물고 있을 때, 비룡 노스님을 친견하는 비구니 스님 중 나이도 많고, 얼굴이 햇볕에 타서 까맣게 그을리고 몸은 허약해 보이는 비구니스님을 한 분 만났다고 하셨다.

그 비구니 스님은 아프신 몸이라서 밤새도록 끙끙 앓고 계셨다. 그리고 낮에도 힘이 없으셔서 누워 계셨는데, 나무 막대기를 안고 누워 있는 것을 보고, 엄마는 "왜 나무를 안고 계십니까?" 하고 물었더니, 그 비구니 노스님은 "이것이 제 주장자입니다. 밤이나 낮이나 같이 합니다." 하고 말씀하셨다. 그러고는 몇 시간이 지난 후에 일어나서 숲이 꽉 차있는 산속으로 들어가시기에 또 엄마가 이렇게 말씀드렸다고 한다. "숲 속에는 뱀이 있어요. 그리고 곤충도 많아요. 사람들 다니는 길로 가셨으면 합니다." 그 비구니 스님은 "뱀도, 동물도, 곤충은 무섭지 않아요, 사람이 제일 무서워요." 하면서 산속으로 들어가셨다고 하셨다. 그 이후에 그 비구니 스님의 열반 소식을 듣게 되었다.

다비를 마친 후 사리 13과가 나왔다. 사리 13과 중 1과가 달마 대사를 닮았다고 화젯거리 였다고 전해 들었다. 많은 시간이 지나고 들었는데, 비구니 스님의 사리 13과는 일본에 있는 아들이 일본에서 출가한 스님 신분으로 한국에 나와서 어머니의 다비식을 직접 관장하면서 사리 13과도 일본으로 가져갔다고 했다. 그 비구니 스님은 속세에 있는 아들을 하나 두고 인연이 되어 출가를 해서 수행에만 전념하다가, 어느 날 몸에 열이 나고 너무 아파서 며칠을 누워있을 때 그때 잠시 머리에 스쳐지나가는 생각이 났었다. 그것은 막연히 어릴 때 아버지가 사준 돼지고기가 너무나 먹고 싶다고 다른 비구니 스님께 이야기 했더니, 아프고 난 뒤 마장이 끼었다고 절간의 대중에게 배척을 당하여 쫓겨 나왔다. 대중에 쫓겨 나온 비구니 스님은 갈 데가 없어서 양로원으로 갔다. 취침을 하는데 혼자서 행동하는 소리가 쿵땅쿵딱 나는 것이 낮에는 별거 아닌데, 밤이라서 소리는 더 크게 들렸다. 그래서 양로원에서도 쫓겨나서 갈 곳이 없는 그 스님은 남의 과수원 오두막에서 기거를 하게 되었다. 그 기간에 비룡 노스님을 뵈러 제주도 천왕사에 왔다고 했다.

그 비구니 노스님은 생각과 동시에 표현을 하다가 대중 생활에서 쫓겨난 예다. 수행의 높은 단계를 이해한다면 좀 더 나은 방향도 있을 것 같았다. 그렇다고 이런 일을 잘못 이해하면 계율파괴요소로 오인할 수도 있다. 이럴 경우에는 높은 수행자의 경우에는 인과를 스스로 알기 때문에 행동에 책임을 질 수 있지만, 일반 수행자들에게는 계율 파계에 해당된다.

氣의 세계

氣는 시각적인 눈에 보이지는 않지만, 느낌의 감각작용에 관여하고 있다. 기체적인 생체리듬은 우주와 합류하여 시각적으로 투명하여 정신적인 에너지 자원 같은 작용의 힘을 부여한다고 볼 수 있다.

대표적인 예로 본다면, 따뜻한 물에 온기를 느낄 수 있고, 차가운 얼음에는 냉기를 느낄 수 있다. 혜성의 탄생은 과학적으로 불과 얼음 속에서 탄생했다고 한다. 이것은 온기와 냉기가 에너지화되어 온기를 만드는 것은, 즉 우주의 수소가 태양의 열로 인해 폭발과정의 불과 얼음은 물이라는 분자구조인 H_2O 가 합성하여 냉각이 되어 고체 부피화 된 것이다.

물은 온도에 따라 액체와 고체를 넘나드는 환경 순응적인 물질이다. 극과 극의 물질이 만나면, 지남철 같이 끌어당기는 힘을 발휘한다. 이렇게 보이지는 않지만, 하나의 물체형성에 의한 기체 자원 같은 방식과정을 기(氣)라고 볼 수 있다.

실생활에서 미세한 보이지도 않는 움직임이 새로운 역동의 힘을 발휘하게 한다. 이렇게 공기 중에 미세한 광물질 분자 같은 것이나, 별의 형성에 필요한 부분을 끌어당기면서 하나의 형체가 점점 커져서 우주의 소리 없는 질서에 편입하는 별이 되는 것 같다. 별의 형성 과정에서 본다면, 태양광선을 받는 부분과 받지 않는 부분의 기온차가 엄청난 차이가 있는 것이 느껴진다. 태양광선을 받지 않는 우주는 얼음처럼 상당히 기온이 낮은 것 같이 보여 진다.

플러스와 마이너스의 극과 극의 입자에서는 작용하는 힘이 활발하게 느껴지고, 우리 사람들한테도 36.5라는 체온의 따뜻함과 머리의 차가운 지성에서 지혜가 생기면, 무언가의 느낌을 받아서 움직이고 행하는 자리는 알 수 없는 마음자리가 생긴다고 볼 수 있다.

흔히 기가 뻗친다. 기가 차다. 기가 막힌다. 등등 많은 언어를 사용하고 있다.

그리고 요즘 과학의 발달에 따라 텔레비전이나 휴대폰같이 전자파장적인 채널도 유지하고 있고, 눈에 보이지는 않지만 우리 생활에 엄청나게 밀접하고 있다. 그러고 보면 동물들한테도 초감각을 느끼게 하여 기체적인 냄새 분자를 느끼게 하여 먹이 사슬로 인한 종족유지에도 관여하고 있다. 기체의 원자들은 성질도 제각각인 것 같다.

    원자의 개체 성질 파악을 구조적으로 분리가 될 수 있다면, 과학도 새롭게 빨리 변화할 수 있을 것 같다. 젓가락 하나는 부서지기는 쉽지만, 젓가락 두 개. 세 개부터는 단합적인 힘의 구조를 이루듯이 나노의 입자는 같은 입자끼리 모이면 미세하게 단합된 힘이 관여하게 된다. 눈에 보이지 않을 정도로 작지만, 작용의 힘은 우리 생활에 많은 변화를 가져다 줄 것이다. 알 수 없는 기체의 작은 , 아주 작은 미세한 먼지 같은 알갱이의 구조들이 그 나름대로 개성과 각각 다른 성질을 유지하고 있기 때문에 참으로 불가사한 세계다.

    우리는 여러 가지 자기장 속에 파묻혀 살고 있다. 보이지는 않지만 느낌으로써 파장을 느끼고 있다. 사람과 사람끼리 교감되는 이심전심법이 있고, 강력한 생각 즉 염원을 지극히, 간절히 원하면 그 염원은 지구와 우주 몇 바퀴 돌아서 다시 돌아오면서 원하는 바를 이루게 한다. 이것은 마치 농사꾼이 봄에 씨를 밭에 뿌려놓고, 폭풍 후 치는 여름과 벌레들 그리고 따가운 햇볕으로 가을에 수확되는 열매처럼, 염원은 하나의 원력과 함께 이루어진다.

〈작가의집 아이들〉 스카프 - 오효은 作

마음이 마음을 움직인다

만주들판에 있는 들개는 사납기로 유명하다. 한번 물어뜯기 시작하면 끝을 본다는 이야기를 들었다. 더구나 들개들은 단결되어 단체로 움직이면서 가끔 사람들한테도 습격한다고 한다.

누더기 차림의 수월스님이 들개들 사이를 지나가면 들개들이 꼬리를 살랑살랑 흔들면서, 수월스님을 반갑게 맞이한다고 했다. 그러다가 수월스님이 자리를 잡고 앉으면 따라오던 많은 들개 무리들도 같이 고개를 숙이고, 조용히 앉는다. 수월스님은 마음속으로 법문을 하고 있었다. 그때 들개들은 움직이지 않고 전부다 고개를 숙인다. 한참 후에 수월스님이 주장자로 땅을 세 번 치면 그때야 들개들이 흩어진다고 한다.

잠재의식

임산부가 입덧을 할 때, 평소에는 좋아하지도 않는 것들이 유난히 먹고 싶을 때가 있다.

그것은 몸에서 부족한 영양섭취의 요구부분일수도 있고, 또 하나는 태아가 엄마뱃속에 들어오기 전의 전생에 즐겨 하는 것을 엄마한테 무언의 메시지를 통해 요구를 할 때가 있다.

그리고 태아는 엄마의 생각과 느낌을 같이 감지하고 공유하고 있다고 한다. 그래서 태교를 하면 유순하고 편안한 성품의 소유자가 되어 세상에 태어나서도 항상 잠재의식으로 부모님에 대한 사랑이 밑바탕에 깔려있다고 한다. 만약 그렇지 못한 환경에서 피치 못할 사정으로 낙태를 하려고 마음을 먹을 때는 뱃속의 태아는 초조하고 불안감을 가진다. 언제 사라질지 모르는 충격으로 휩싸여 있다가 어쩔 수 없이 세상에 태어난다 하더라도, 정신적 또는 육체적 장애와 알지 못하는 난폭함이 잠재되어 있다가, 자기 자신을 조절 못하는 감정소유자가 될 확률도 있다고 했다.

알 수도 없는 느낌의 잠재의식은 참으로 흥미롭다. 처음 만나는 사람이 있는데, 느낌이 이유 없이 좋은 사람이 있고, 또 이유 없이 조건 없이 아무리 좋은 이익이 생긴다 할지라도 얼굴도 마주보기 싫은 사람이 있다. 유난히 성격이 예민한 사람들한테 흔히 볼 수 있는 현상이다.

이것은 안(眼)·이(耳)·비(鼻)·설(舌)·신(身)·의(意) 육근이 작용이 6식에 잠재되어 7식이 된다. 7식은 꿈에서도 가끔 관찰되어 비슷하게 나타난다. 그러다가 거의 잊어버리는데도 아주 강렬하게 머리에 꽂힐 정도로 느끼는 감각은 몸이 바뀌어도 나타나는 현상이 있다. 제 8야뢰야식의 작용으로 처음 만나는 사람의 느낌이 전생에 느꼈던 감정의 작용이다.

한번 옷깃을 스치는 인연도 전생에 500번을 만나는 인연이라는데, 주위의 인연을 좋은 방향으로 이어져 간다면 좋은 만남이 될 것 같다. 옛말에 사주팔자가 아무리 좋아도 얼굴상보다 못하고, 얼굴상이 아무리 좋아도 순간순간 좋은 방향으로 생각하는 마음자리가 으뜸이라고 했다. "남을 위해서 기도하자."라고 하는데 가장 가까운 남이라는 것은 제일 가까이 인연을 맺은 가족이다. 하늘이 내려준 천륜은 부모자식 지간이고, 부부지간은 인륜이라고 하였다. 서로 챙겨주고 보살펴주고, 그리고 이웃도 보살펴 주는 것도 넉넉한 마음 살림살이라고 한다.

어려운 환경상황이라도 한번 더 주위를 생각하는 자세가 의지를 더 단단히 할 수 있는 여건으로 성숙된다. '불'이라는 것은 잘못 쓰면 화재라는 재앙이 되지만, 동력으로 바꾸어 일상 모든 생활에 적용하면 생산적인 요소가 되기 때문이다.

우리는 우주의 방랑자

우주.
우리는 우주의 방랑자다.
우주에는 많은 별들이 존재한다.
우리는 지구라는 별에 살고 있다.
우주의 지도에는 지구촌 이라는 사회 형성에 참여하고 있다.

아름다운 생각과 행동으로 인해 마음자리가 가벼워진다면, 다음 생에는 다른 별로 이동이 가능할까? 아니면 마음이 무거워진다면, 상승하여 가지 못하고, 지구에서 맴돌거나 지면 속에 가라앉을 런지도 모른다. 생명체에 대한 많은 의구심을 품게 해 놓고, 우주는 침묵으로 일관하면서 말없이 불가사한 세계를 형성하고 있다.
　제각기 다른 인연들의 삶. 모습은 비슷한 형태지만, 자세히 보면 닮은 것이 없이 조금씩, 조금씩 다르다. 우리의 몸은 하나의 거대한 우주 또는 별 이라고 생각할 수도 있다. 실제의 주인공은

'핵' 같은 법신을 위주로 해서 보신, 화신은 몸 구성에 관여하면서 엄청난, 말할 수 없는 미세한 세포 같은 생명체의 '보고'라고 할 수 있다. 비록, 나의 몸이라고 하지만, 모든 기능을 관장하는 세포 조직까지 그리고 바이러스까지 또 하나의 많은 생명체와 같이 산다고 볼 수 있다.

지남철을 가지고 모래 위에서 가까이 대면, 미세한 쇠붙이 성질들이 모여들게 하는 것처럼, 우리 몸도 지(地)·수(水)·화(火)·풍(風)과 함께 '헤쳐 모여'의 상태라고 볼 수 있다. 또 이 세상을 떠날 때에는 '모여 헤쳐' 즉 모여진 물질들이 제각기 하나하나씩 헤쳐 흩어진다는 것이다. 요즘은 과학이 발전하여 체세포 복제까지 할 수 있다는 것을 언론을 통해서 볼 때 할 수 있는 시대가 가까워졌다. 사실이 좀 더 확실성을 느끼게 한다.

안이비설신의 육근의 작용은 머리로 보내져, 머리 정수리에서 그것을 종합 분석 판단하여 명령을 내린다. 그 명령은 찰나같은 짧은 순간에 판단하여 이루어지며, 행동이라는 움직임 또는 대체능력을 발휘하게 한다. 수뇌부 머리에서 하는 명령은 몸 전체가 감지를 하면서 일어나는 현상이다. 몸은 제각기 하는 일이 다르다. 일은 하면서 수뇌부 위주로 움직인다. 예를 들면, 입은 음식물을 잘

게 부수어서 위로 보내고 위는 십이지장, 소장 대장 등등 이런 연료같은 음식물로 인한 몸을 유지 발전같은 생체 에너지로 움직이게 하는 세포마다 각각 다른 기능으로 소임이 있고, 그러면서 수뇌부의 명령체계를 감지한다.

　비유를 하자면, 수뇌부 정수리 부분이 대통령이라고 한다면 정부조직처럼 말단 민원까지 공문형식으로 신경계라는 온라인 컴퓨터 방식으로 할일을 전달받는다. 이렇게 부분 부분으로 하는 일도 제각각 다르지만, 인지 능력을 가진 개체적인 세포조직은 우리 몸이 이생을 하직할 때는 미세한 세포와 균들까지 헤쳐 모인 상태에서 모여 헤쳐로 분산하여 흩어지게 되면, 수억의 많은 생명구성입자 중에서 그 당시 몸 구성 부분이 되었던 입자가 강력한 지남철 같은 핵입자가 되어 세상에 사람 몸으로 태어날 때는 알 수 없는 무의식 작용으로 인해, 끌림에 의해서 같은 길을 갈 때도 있다고 볼 수 있다. 가끔 텔레비전에서 볼 수 있는 현상이지만, 장기이식 수술하고 난 후에 알 수 없는 느낌 중, 자기화가 안 된 이방적인 생각을 느낄 수 있다고 한다. 세포라는 것도 익숙해진 것에는 편리함을 느끼지만, 장기이식 같은 새롭게 이식하게 되면, 낯선 이웃처럼 부딪치고, 어색할 때가 있을 것 같은 느낌이 든다.

6. 거지스님

10m 근처부터 하수구 같은 냄새가 진동하면서, 일반사람들은 피하고 자리를 비켜버리지만, 엄마는 그 냄새에 아랑곳하지 않고 예의를 지키면서 공손하게 일반 사람보다 더 귀하게 대해 주시는 것 같았다. 그 분은 스스로 모든 사람을 외면해 버린다. 또한 사람들도 그 분을 미친 거지노인으로 알고 있었던 것이었다. 거지스님은 일부러 미친 노인 흉내를 내고 다녔던 것이었다.

6. 거지스님

　법명인지 성명인지 모르지만, 편하게 부르는 이름은 '강성규' 스님이시다. 대자유인이 되었던 스님은 이 세상 모든 것이 자기 것이기에 아무한테도 관심을 받지 않고 스스로 물속에 있으면서 물들지 아니하는 이름의 뜻을 '성규(性規)'라는 뜻을 내 나름데로 해석하자면 '마음의 규칙, 법의규칙'이라고 해석하고 싶다.

　60평생을 넘게 거지로 사시면서 계율을 그대로 고수하고, 스승의 전법게송, 즉 법을 전하는 글과 함께 숨어서 드러내지 않고 '도'를 이루고 '보림'을 하신 스님이셨다. 스승님의 말씀대로 출가이후 그대로 실천에 옮기신 분이다,

　나는 그분을 꼭 한 번밖에 뵌 적이 없다. 학교 수업과 나의 일과

(1000배)가 가중했기 때문에 다른 사람처럼 나들이하기가 쉽지 않았지만, 어머니를 통해서 실제 만난 것처럼 수시로 소식을 들을 수가 있었다. 그때 그 당시 1984년. 연세는 90세(?) 정도였다고 한다.

강렬히 남아있는 건 섬광 같은 '녹색에 가까운 맑고 푸른 빛나는 안광'을 가졌던 분이었다. 나보고 직접 하시는 말씀 "어머님 말씀 잘 들어" 하시면서 처진 눈을 치켜 올리면서 나를 바라보는 그 눈빛은 너무나 맑고 강렬했던 것 같다.

그분에 대해 기억을 하자면 10m 근처부터 하수구 같은 냄새가 진동하면서, 일반사람들은 피하고 자리를 비켜버리지만, 엄마는 그 냄새에 아랑곳하지 않고 예의를 지키면서 공손하게 일반 사람보다 더 귀하게 대해 주시는 것 같았다.

엄마가 만두를 사서 드렸더니 너무 오랜만에 먹어보는 것이라서 그렇게 좋아하셨던 분이다. 그 분은 스스로 모든 사람을 외면해 버린다. 또한 사람들도 그 분을 미친 거지노인으로 알고 있었던 것이었다. 거지스님은 일부러 미친 노인 흉내를 내고 다녔던 것이었다.

엄마와 그분의 만남이 어떻게 이루어 졌는지 엄마께 여쭤 보았다. 엄마는 비룡 노스님과는 허물없이 왕래가 잦은 편이었는데. 몇 년을 지켜본 결과 가끔 일 년에 한번정도 비룡 노스님이 지리산으로 소식 없이 훌쩍 떠나시고는, 한동안 한 달 정도 계시다가 돌아오시곤 하셨다. 그 이유는 지리산 쪽 친구 '거지스님'과 함께 지내셨다고 하셨다. 거지스님과 비룡노스님 사이에 어떤 언약이 있었는지 모르지만, 엄마가 비룡노스님께 가끔 거지스님에 대해 아무리 물어도 입을 다무셨다.

엄마는 그때 까지만 하더라도 단지 '거지스님'이라는 밖에 몰랐다. 더 이상 질문을 하지 않고, 진주를 지난 함양 방면 근처 장날을 알아보고, 가끔 시간이 나면 시골장날도 구경할 겸, 슬쩍 혼자서 찾아보고 싶은 생각이 들어서 지리산 일대 지도를 펴서 곰곰이 생각하면서 체크를 하였다. 지도의 지명도 선어(禪語)로 해석하는 방법을 택했다. 수행하는 사람은 지명도 언어와 같아서 지도에 의한 명칭을 벗어나지는 않는다고 한다.

그래서 함양근처 '인월'을 찾아내고 집중적으로 인월 장날에 맞추어서 시간을 내어 둘러보기로 하였다. 인월은 도장(印) 달(月)로 수행하는 사람이 살아갈 수 있는 명칭이기도 하여서 그곳으로 마음을 정했다.

1983년 어느 여름날 아침 일찍 시외버스에 몸을 싣고, 진주를 거쳐 함양에서 인월 쪽으로 방향을 잡았다. 여름의 아침 버스여행은 물이 올라서 초록색으로 성숙한 나뭇잎사귀를 보는 즐거움도 한몫을 하고 지방의 토속적인 언어를 음미하는 일상생활에의 묵은 피로가 없어지는 것 같았다. 마침 가는 날이 장날이라더니 그 날은 인월의 장날이었다. '인월' 장날에 가서 구경도 하고 다니다가 목이 말라서 가게에서 우유를 한 팩을 사서 마시려고 하는데, 가까운 근처에 의복이 남루하고 고약한 냄새를 풍기면서 거멓게 아주 거멓게 탄 얼굴모습이고, 야위고 아주 노약한 모습의 노인이 눈에 띄어서 가여운 마음이 들어서 재빨리 우유를 권했다고 하셨다. 그런데 그 거지노인은 우유에 관심 있기보다는 엄마얼굴을 찬찬히 보면서 하시는 말씀이 "이건 고기가 아닌가 뭐" 하시더라고. 그 말을 듣는 순간 엄마는 엄마가 찾고 있는 그분이 바로 이분이구나. 하고 느끼면서 웃음으로 '답'을 하고 쳐다보고 있었다. 그 거지노인은 우유를 다 마시고 난후 엄마보고 하신 말씀이 "풀을 베러 갑니다. 풀을 안 베면 관청에서 나를 잡아 간답니다"라고 말씀하셨다. 그러자 엄마께서 "방해하지 않겠습니다. 모든 사람들이 바라는 일이지요" 하면서 첫 만남이 이루어 졌다고 한다.

    그때는 그 뜻을 몰랐는데 이제는 가슴 깊이 이해할 것 같다.

〈작가의집 아이들〉 스카프 - 이종규 作

스님은 일반사람들이 보기엔 미친 노인네였지만, 사실은 '선어(禪語)'를 말하고 있었다. 내용은 "망상을 없애려 합니다. 망상을 제거하지 않으면 업력에 이끌리게 되지요"라고.

그날이 지나고 이후 다음 장날에 엄마가 인월 장날에 혹시나 하고 갔더니 그날은 안 나오셨다고 한다. 생선장수 아줌마한테 거지노인을 아느냐고 물었더니 그 아줌마 하는 말이 "이상한 영감이요. 동태 작은 것 한 마리 줬더니 그것보다는 돈 10원만 달라고 하더라구요. 미친 영감이라고요. 그리고 어디 사는지 몰라요" 하면서 거처를 알 수 없다고 했다.

엄마는 이사람 저사람 거듭거듭 물어본 결과 대강 거처 위치인 산골짜기를 알아냈다. 늦은 가을 장날에는 엄마는 친척 이종 여동생과 거지 스님의 거주지인 토굴에 찾아가면서 그때 그 당시 유행했던 '너구리'라는 면발이 굵은 라면을 두 개를 사가지고 갔었는데, 산 입구에는 사람의 왕래가 없는 마지막 길목 같았는데 산중턱에 연기가 모락모락 나는 것을 발견하고 연기 나는 지점으로 갔더니, 한 평 반 정도 되는 토굴이 보였다고 한다. 토굴 근처에 가서 안을 들여다봤더니, 장날에 만났던 거지 노인이 불을 피워서 토란을 구워먹고 있기에, 엄마는 "혼자 먹지 말고 같이 먹읍시다." 하고는 뜨거운 껍질을 벗길 때 불의 연기가 맵기도 하고 코끝이 찡한 느낌에 장난삼아 같이 온 이종 여동생한테 "우리 지리산 너구리 잡아먹자" 했더니 거지스님의 눈이 동그랗게 의아하게 쳐다보았다고 했다. 그러자 너구리 라면을 보였더니 한바탕 웃었다고.

　라면을 먹고 난 후 주위를 살펴보니 지붕에는 양철을 덮었는데 토굴 안에서 바라보는 천정에는 양철덮개가 구멍이 뻐끔뻐끔하게 나서 하늘이 여러 구멍사이에 보이고 있었고, 방바닥은 향토 흙으로만 되어있었고, 벽은 토담으로 벽 높이 120cm 정도여서, 허리도 못 펴고 구부리고 저자세로 움직여야 했었고, 한 평 정도의 크기가 들리는 말로는 꼭 상여하나 놓을 자리 정도였다고 했다. 그런데 흙바닥에는 낡은 덕석이 엉덩이 하나 앉을 수 있는 자리가 있었고, 요즘 자동차 방석 크기의 덕석이었다. 이불하나 없이 밤마다 홀로 앉아서 좌선으로 지낸 흔적밖에 없었다고 했다.

　잠깐이나마 구경도 하고 그러는 동안에 늦은 가을 날씨라서 그런지 해가 짧아져서 산을 내려가려고 하는데 거지스님께서는 토굴문을 잠그려고 했다. 그것을 바라보면서 엄마가 "이미 도적한테 들켰는데 무엇 때문에 문을 잠그십니까?" 했더니 거지 스님께서 문을 잠그려다 말고 괄괄하게 웃으면서 "젊은 여자가 선어(禪語)를 안다"고 좋아하셨다. 그 이후부터는 거지스님과 엄마는 허물없는 많은 대화를 나누셨다.

   거지 스님과 엄마가 네 번째 만남 때 나와 내 동생 경아와 함께 동행을 했다. 거지 스님은 나보고 하시는 말씀이 엄마가 자기 말을 알아들으니 좋다고 말씀 하셨다. 그리고 궁금한 게 있으면 물어보라고 하셔서 난 거지 스님께 질문을 하나 던졌다. "왜 거지로 살아요?" 하고 단도직입적인 말을 했다.

〈작가의집 아이들〉 스카프 – 이소정 作

둥지 속 행복

"난 어릴 때 너무나 귀한 부잣집 외아들이었지." 하면서 말을 이어갔다. 자손 없는 부잣집에 느즈막하게 생긴 외아들이었어. 우리어머니께서 날이면 날마다 갖은 맛있는 음식을 만들어서 외아들인 나에게 맛있는 음식을 먹이려고 애를 쓰셨지. 그러면 그럴수록 먹기 싫다고 투정을 하고, 심지어 주는 음식을 던져버리고… 십여 년을 그랬어. 그래서 그런지 몰라도 이렇게 사는 결과도 그 원인을 배재하지 못하겠지. 너희들은 정성스러운 음식과 주는 사람의 마음을 알아야한다"고 말씀하셨다.

그랬다. '인연법의 인과라는 것이 수행을 한 사람에게도 올 수 있겠구나.' 라는 생각을 했다.

유루복

그리고 보면 행복, 즉 몸과 마음의 평안함을 유지 하는 것 중에 하나가 물질적인 것도 포함이 된다. 그것을 '유루복' 이라 하여 가장 쉬운 방법으로 설명을 하자면 거꾸로 생각하면 된다.

첫째, 망하고 싶거든 밥알(쌀알)을 함부로 한다. 복을 받고 잘 살고 싶으면 밥알 하나도 소중하게 생각하여 함부로 버리지 않는다. 먹을 것을 나누어 주는 것은 복을 저축하는 것이지만, 버릴 수 있는 자격은 없다. 지구상에 기아에 허덕이는 사람이 있는 동안에는.

주위에 잘사는 집안을 눈여겨 봐야한다. 대체로 쌀 한 톨 소중함을 느낀다.

둘째, 절대 검소한 생활을 한다. 복은 검소함에서 모여지고 생긴다. 자신한테 겉치장을 하면 안 된다. 내면과 외면의 적절한 진실함이 필요하다.

셋째, 말을 조심한다. 이것은 밥 알갱이를 버리는 다음으로 저축해 놓은 복을 빨리 없애는 일중에 하나다. 저주하는 말, 이간하는 말, 거짓말, 시기 질투하는 말, 오죽했으면 십이진법 중에 말을 복이라고 했을까. 좋은 일에는 시기, 질투를 떠나서 진심으로 축하를 해주면 돈 안 들고, 힘 안 들고, 복 짓는 방법 중에 하나이다.

넷째, 항상 보시를 하면서 베푼다. 이것은 남을 도와주고 베풀고, 어려운 사람을 보살피면, 마음의 덕으로 인해 자손들도 눈으로 보고 행동으로 행하고 배워서 집안을 잘 일으킨다고 한다.

다섯째, 상하를 구분한다. 양말, 바지 오강 단지 등등. 지금은 오강 단지는 없지만 배꼽 밑의 의복들을 머리 위에 놓고 수면을 취하면 복이 감복된다는 뜻이다. 일상생활에 무의식적인 어머니의 지혜도 자손한테 영향이 전해진다.

위와 같이 복에 대한 것을 점진적인 행동으로 시간의 여유가 있지만. 또 다르게 갑자기 무의식중에 행한 일들이 복으로 바꾸어질 수가 있다. 그것은 토정 이지함 선생의 이야기이다. 옛날, 어느 가난한 29세 노총각 선비가 있었다. 홀어머니가 품삯일로 생계를 꾸리면서 외아들 뒷바라지를 하다 보니 너무나 가난하니까 중매가 들어오지 않았다. 그렇지만 외아들은 나름 데로 공부를 하여 과거를 보러 한양으로 가는 길에 주막에서 하루 숙박을 하게 되었다. 주막에는 과거를 보러 가는 선비들이 대여섯 명 모여들었다.

때마침 토정 선생이 그 주막에 묵는다는 소식을 들은 선비들은 토정 선생을 찾아서 자기들이 이번 과거에 급제 할 수 있겠느냐고 물었다. 그때 가난한 노총각 선비도 같이 동석하게 되었다. 토정 선생 옆에 가까이 옹기종기 모여들게 되었는데 토정 선생은 얼굴을 한번 휙 둘러보더니 "여기 계신 분들은 과거를 보지 말고 귀향하라"고 말했다. 그 당시 워낙 유명한 분의 말씀이라서 실망이 이만저만 아니었다. 특히 이 노총각 선비는 저녁 먹을 생각도 않고 번민에 쌓여 초여름 날의 논둑을 걷기 시작했다.

어둠이 깔리기 시작할 무렵 노총각 선비는 다시 주막으로 들어서자마자 토정선생과 얼굴이 마주쳤다. 그때, 토정선생은 노총각의 얼굴을 보면서 깜짝 놀라며 얼굴상이 달라졌다고 잠시 산책할 동안의 일을 차근차근 설명하라고 했다. 노총각 선비는 그냥 다녀와서 별일이 없다고 했다. 그러나 토정 선생은 조그마한 일까지 생각을 해보라고 한다.

다시 생각을 해보니 논둑을 거닐고 있을 때 발밑에 수많은 개미떼들이 대이동을 하고 있더라는 것이다. 그때 논둑이 얇아서 주먹만 한 곳에서 물이 터질 것 같아, 개미가 꼭 자기 팔자와 같은 생각이 들어 무심코 한줌의 진흙으로 작은 보를 막아 주었다는 것밖에 기억나지 않는다고 했다. 그러자 토정 선생이 그래서 얼굴상이 바뀌었다고 그러면서 과거시험을 꼭 응시하라고 했다. 그 후 그 노총각선비는 장원급제를 했었다고 한다.

    사주팔자보다 우선 눈앞의 조그마한 무의식적인 선행하나가 유루복을 받을 수 있는 큰 쟁점이 될 수 있다는 점이다. 그래서 유루복은 은행에 저축해 놓은 것과 같이 어느 순간까지 안락을 누릴 수 있지만, 그 복락이 다 하면 다시 어렵게 되기 때문에 항상 남을 생각하고 도울 수 있어야 한다고 생각한다. 무루복은 수행을 한만큼, 세세생에 없어지지 않는 자기 광명의 복이라고 할 수 있다. 몸이 바뀌어도 정신력적인 힘의 원천이라고 볼 수 있다.

〈작가의집 아이들〉 스카프 - 김동희 作

안타까운 내 사랑

　현숙하고 아름다운 아내와의 결혼생활은 고집스러운 성격도 바꾸어지고, 가족의 애틋한 마음까지 생기게 되었던 그는 일제 강점기의 암흑 같은 나날에 한 가닥 희망은 아내에 대한 사랑으로 지내게 되었다.

　그렇지만 시간이 가면 갈수록 핍박해져 가는 생활과 일본 군인들의 충성심 강요와 점점 조여 오는 강제 동원령에 젊은 아내는 절규하듯 일본 군인에게 반항하다가 그분이 보는 앞에서 총살을 당했다. 피를 흘리면서 남편에게 손을 잡으려고 손을 올리려고 하다 숨을 거두었다. 순식간에 이루어진 광경 앞에서 정신이 나가버리고 다리에 힘이 없이 주저앉아버린 그는 하늘을 향해 울부짖었다.

　시간이 흘러도 아무 일도 손에 잡히지도 않고, 같이 가지 못한 것이 한스러울 뿐이고, 자꾸만 눈앞에 아른거리고 항상 미소 짓던 아내의 모습에 살아있는 것 같은 환각에 사로잡힌 그는 모든 것을 버리고 싶었다. 사는 것과 이 몸까지 버리고 싶지만, 죽고 싶어도 생명의 끈은 더 질기게 작용했고, 버리려고 해도 아침에 눈뜨면 살아있고, 자신의 학대에도 아랑곳 하지 않는 생명의 끈이 그를 점점 더 괴롭혔다.

그러다가 혼자가 된 자신을 어느 날 스스로 자각 하게 되었고, 인생이 무상하다고 생각한 그는 출가를 하게 되었다. 불문에 들어온 후 화두를 잡고 공안에 몰두하려고 하지만 가끔씩 떠오르는 아내얼굴과 참선의 화두와의 싸움이 시작되었다. 잊으려고 애를 쓰고, 그러다가 다시 떠오르는 모습에 괴로움을 느끼며, 죽을려고 애를 쓰고 수행을 하면서 차라리 죽으려고 애쓰는 것이 오히려 좋은 결과가 되어 스님은 30세에 한소식을 하게 돼서 스승의 전법게송을 받고 스승의 법을 잇게 되었다. 스승의 법을 전하면서 스스로 모습을 드러내지 말고 거지로 살면서 보림을 하라 말씀하셨고, 거지 스님은 유년시절의 먹거리를 발로 차서 내다버린 인과도 알고 있기 때문에, 스스로 모든 것을 버리는 것과 동시에 모든 것을 내 것이 되어버린 대자유의 삶을 택했다. 이야기를 들으면서 스님의 얼굴을 계속 보고 있었다.

거지스님 얼굴은 '삶도, 생과 사도 초월한 편안한 하나의 좌불상' 처럼 보였다. 스님은 60년 동안 하루에 2번씩 공중으로 향하여 능엄주를 외친다고 했다. 우리 엄마도 '능엄주'를 항상 하고 다닌다. '능엄주'를 하면 '삼세의 인연을 만난다고 한 대목'이 생각이 났다. 인연이 서로 연결되어 불러들인다고 한다. 삼세의 인연은 참으로 묘한 인연들이다.

자유인 거지스님, 아니 강성규 스님. 그는 영원한 자유인이 되셨다. 평생을 자신을 한 번도 드러내지 않았고, 겸손하셨고, 그러면서 나 같은 어린나이의 어린아이한테도 두 무릎을 꿇고 앉아서 존댓말을 하면서 말씨나 몸가짐이나 최상의 예의와 "도"를 갖추셨다. 사람으로써의 인격 즉, 완전한 인격 부처님에 가까운 인격을 가지셨다.

영원한 자유인 '성규스님이 스승님께 받은 전법게송의 내용'은 우리말로는

"더하지도 덜하지 않은
수연(여러 인연)의 차별계
사람마다 보리심을 가지니
주(머무름)함도 두루함도 없다"

수행하는 사람은 수행을 위하여 다음 생을 설정작업을 할 수도 있다. 순조롭지 못한 환경을 설정할 때도 있고, 못생긴 모습도 설정할 때도 있고, 사람들이 관심을 안 갖도록 하기위해서, 스스로 극복하기 위하여 가끔 그럴 경우도 있다는 이야기를 들은 적이 있다. 엄마는 농담 삼아 거지스님보고 이렇게 말을 했다. "문수는 꼬질꼬질하고 냄새나고 고집불통이고, 융통성 없고 자기 생각에만 맞추어 산다." 거지 스님은 "관음은 파계자"라고 말씀하셨다. 엄마는 "파계를 안 하면 인연은 어떻게 연결하나요?" 했더니 거지스님은 "……"

거지 스님을 만난 지 몇 년 후, 거지 스님은 엄마더러 "변산 반도 쪽으로 동행할 수 없느냐?"고 물으셨다고 한다. 엄마는 그렇게 하겠다고 말하고 약속을 했지만 약속이 가까이 되는 날 내가 아파서 병원에 입원을 했고, 그래서 시간을 놓쳤다고 했다. 퇴원 후 어느 정도 회복됐을 때 엄마는 그 거지 스님 뵈려고 인월 쪽에 갔을 때 이미 거지 스님은 엄마를 기다리다 시간이 없어 변산 내소사 근처서 걸어가면서 열반에 들었다고 한다.

선어(禪語)로 변산을 '변할 변'이라고 느끼고 있었지만. 그리고, 죄송하고 서운한 마음이 오랫동안 지속되었지만 생전에 많은 대화를 나누었기 때문에 가끔 생각이 난다고 그러셨다. 엄마는 나와의 인연의 끈이 거지스님보다 비교할 수 없을 정도로 질겼었나 보다.

거지스님의 시신은 내소사서 매장했다고 들었다. 승려목패를 간직하고 계셨다(옛날에는 승려증 대신 목패도 사용했다고 한다). 들리는 소문에 의하면 스님은 열반은 했는데 몸은 싸늘하게 식었지만, 아랫배 '단전' 있는 쪽은 따뜻한 기운이 남아있었고, 기거하고 지냈던 토굴에는 새와 산짐승의 울음소리가 몇날 며칠 계속 들렸다고 한다.

7. 비룡스님

생식을 한 자루씩 만들어서 마음먹고 무인도에서 1년 동안 밤 낮 주야로 참선에 들어갔다. 무인도는 스님한테는 그야말로 수행하기 가장 적합한 곳으로 일념으로 화두를 잡고 있으면서 관음보살께 주력으로 염원하게 되었다. 외로움과 고독까지도 더욱더 일념을 가지게끔 하면서 스님은 어느 날, 한 소식을 하게 되었다. 그것은 불가에서 말하는 깨달음 이었다.

7. 비룡스님

생식을 하셔서 피부도 아기피부처럼 얼굴이 불그스레하면서 희고, 매끈하고 보드랍다. 가끔 육지로 나오시면 비룡 노스님은 우리 집에 들르셨다. 비룡스님은 오대산 월정사와 제주도 천왕사 조실 스님이셨고 2000년 1월 28일 월정사 방산굴에서 입적하셨다. 세수 100세이고 법랍은 74세 이셨다. 1901년 황해도 개성에서 출생하였다.

한일합방에 의해 힘들고 좌절하던 청년시절에 나라의 주권을 일본에 뺏겼을 때 힘없고 아무것도 할 수 없었다. 자기 자신의 모든 희망까지 포기해야 했던 시절에 어수선한 세상에 어울려 있는 것보다 차라리 '도'를 닦아 신선이 되겠다고 결심한 청년은 아버지가 우시장에서 소를 판 돈 중에서 여비로 가지고 집을 나왔다. 그래서 막연하게 나와서 산에서 '신선도'를 닦는 도인들을 만났다. 밤이고 낮이고 부지런히 단전 경락이 트이기를 고대하면서 수행을 게을리 하지 않았다. 어느 날 배꼽 아래 1인치 정도에서 경락이 틔어 단전으로 자리를 잡았다. 항상 앉아서 단전에서 머물고 있었다.

모든 우주가 단전부터 시작한다고 하지만 그 이후, 막연한 시간들을 보내면서 그 이상의 해답을 풀 수가 없었다. 한계단의 공부가 필요했던 청년은 항상 가슴 한구석에 답답함을 느꼈다. 그러다가 그는 고고한 인품과 덕을 두루 갖춘 한암스님을 만나서 1927년 오대산 상원사에서 한암스님을 은사로 모시고 득도하게 되어 단전 다음의 참선 수행을 열심히 하게 되었다. 수행은 열심히 했지만, 절간의 생활은 참으로 어려웠었다. 소임도 빈틈없이 아끼고 살아야 했었고, 많은 지혜도 요구 했었다. 비룡 노스님께서는 그때 일을 회상하면서 이야기를 하셨다.

"일제 강점기에는 먹을 것이 없어서 너무나 힘들었단다. 산에 가서 나무껍질을 벗겨먹고, 사람들이 영양이 부족해서 많은 풍병에

〈작가의집 아이들〉 스카프 - 정 설 作

시달렸었어. 그러다가 가끔 일반 여인네들이 절에 불공을 드리러 왔을 때, 쌀을 다기에 조금 넣으면 나머지 쌀과 불공을 마친 쌀들도 워낙 힘든 시절이었기에 , 가져온 것을 도로 다 가져갈 때가 있기 때문에 지혜 있는 대중 스님들이 불공드리려고 가져온 쌀을 몽땅 밥을 지어서 부처님께 공양을 올렸단다. 공양 올리는 마지그릇은 대야 같은 큰 그릇에 했기 때문에 불공의 밥은 꼭꼭 눌러서 동그랗게 만들면 어지간하게 한 솥에 한 밥이라도 부처님 마지공양에 전부다 올리게 되었단다. 그리고는 공양이 끝난 후에는 마을 아낙네들은 쌀은 몰라도 밥은 안가지고 가게 된단다. 마을 사람들이 각자 집으로 돌아가고 난 후 스님들은 뒷산에 가서 솔잎을 뜯어 와서 물에 깨끗이 씻어서 물기를 없앤 다음에 장동 항아리를 하나 꺼내서 맨 밑바닥에 다듬고 물기를 뺀 솔잎을 깔고, 밥을 김밥말이를 할 때처럼 넓적하게 깔아놓고, 또 그 위에 솔잎을 밥이 안 보일 정도로 깔고, 또 그 위에 밥을 깔고, 마치 시루에 떡을 할 때처럼 솔잎을 깔고, 밥을 깔고 이런 식으로 귀한 밥을 보관하면 무더운 여름날이라 할지라도, 밥에는 쉰내가 날지언정, 배탈은 나지 않고 먹는 보관법 중에 하나였었어. 우리는 이렇게 절간을 지키면서 살았었어."

이렇게 말씀을 들려주시곤 하셨다. 비룡스님께서는 모든 사람들한테 천진난만한 친구처럼 대해주셨다. 엄마의 말씀으로는 불교에서 말하는 '평등성지'를 이루신 분이라고 그러신다. 평등성지의 뜻은 부귀와 명예 그리고 지위를 모두 떠난 똑같은 평등처로 본다는 것이다. 한마디로 대통령과 거지도 똑같이 보고 대접한다는 뜻이다. 가끔 우리 집으로 들르셨는데, 엄마랑 우리랑 같이 세상사는 이야기, 수행 이야기, 여러 가지 이야기로 며칠을 보내시곤 했다. 노스님이 오시면 다른 집은 분주할지 몰라도 우리 집은 평소 때처럼 그대로다. 단 한 가지 틀린 것은 과일만 바구니에 담아서 스님이 거주하는 방에 갖다 놓으면 식사 시간도 별도로 챙겨드릴 필요도 없었다.

그것은 노스님께서는 생식을 하시기 때문에 세간에서는 먹거리를 만들 필요가 없었다. 주식은 직접 가지고 다니시는 동전만한 알맹이 두서너 개를 물에 담가 놓으면 물기에 의해 불어나면 과일과 함께 식사가 끝이다. 동전만한 알맹이의 색깔은 짙은 밤색이었다.

요즘 사람들이 생식이라 해서 여러 가지 곡물을 익히지 않고 가루로 만들어 먹는 것을 생식이라 하지만, 스님들의 최소한 몸의 균형과 수행을 위한 몸을 도구로 생각할 때와의 생식 느낌은 다른 것 같다. 어릴 때부터 가끔 보고 느꼈지만, 노스님들의 생식은 반드시 솔잎이 조금 들어간다. 솔잎은 천연 항생역할을 하므로 몸에 생기는 종양이나 부스럼 등등 면역기능을 도우면서 몸을 가볍게 해준다. 안거기간 동안에 또는 산중에서 병의원을 가까이 못할 때가 많으므로, 그에 맞는 생식으로 몸을 유지한다고 볼 수 있다. 대표적으로, 한센병, 나병 경우도 옛 처방으로는 솔잎이 많이 사용된 것 같았다. 스님께서는 솔잎을 따서 모아 깨끗이 씻어서 방을 따뜻하게 데우고 방안에서 말린다. 그러면 솔잎은 마르면서도 푸른 솔잎 색깔을 그대로 유지된다. 그 다음에는 느릅나무 껍질을 벗겨서 벗긴 나무껍질도 그늘에서 말려서 가루를 내면 녹말 같은 전분이 진득하게 만져지기도 한다. 솔잎가루와 느릅나무 껍질 가루를 벌꿀로 반죽해서 또 필요에 따라 밤 가루 등등을 넣기도 하고, 없으면 안 넣기도 하고 이렇게 해서 동짓날에 먹는 팥죽의 새알크기로 만들어서 손으로 약간 눌러주면 동전처럼 보이는 것을 그늘에서 충분한 시간을 두고 말린다.

이렇게 노스님의 주식인 생식은 일 년에 한번 정도에 1년 드실 식량으로 만드는 것을 보았다. 어쩌면 요즘 유행하는 웰빙 식단처럼 스님은 항상 시간을 줄이고 여러 가지 단축된 생활면에서는 현대인을 앞서 나가신 것 같았다.

〈작가의집 아이들〉 스카프 - 이종규 作

무인도에서 한소식을

비룡스님은 먹거리 때문에 소요되는 시간을 줄이고, 또 식생활을 즐겨하는 맛의 의미와 식탐을 줄이고, 좀 더 한 곳에 마음을 모이게 하기 위해서는 수행을 위한 최선의 방법으로 이렇게 만든 생식을 한 자루씩 만들어서 마음먹고 무인도에서 1년 동안 밤 낮 주야로 참선에 들어갔다. 무인도는 스님한테는 그야말로 수행하기 가장 적합한 곳으로 일념으로 화두를 잡고 있으면서 관음보살께 주력으로 염원하게 되었다. 외로움과 고독까지도 더욱더 일념을 가지게끔 하면서 스님은 어느 날, 한 소식을 하게 되었다. 그것은 불가에서 말하는 깨달음 이었다. 관음보살님께 거듭 감사드리면서 무인도에서 지나가는 배에 신호를 보내서 스님은 육지로 나오게 되었다. 육지로 나온 스님은 1년간 많은 변화에 깜짝 놀라셨다.

1년 동안 6·25 사변이 나서 전쟁 중 많은 사람들이 상처받고 다치고 가족들이 뿔뿔이 헤어지고 사회가 불안전하게 돌아가는 것을 보게 되었다. 스님은 스님신분이라서 어느 사찰에 머물게 되었는데, 그때 어느 스님께서 선정에 깨어난 이야기를 듣게 되었다.

그 스님은 새벽 3시 예불을 마치고, 잠시 아침공양까지 참선을 하게 되었다. 참선에 들어가기 전에 아침 공양 종소리를 듣고 참선을 풀 것을 생각하면서 참선에 들었는데 종소리 치기 30분 전에 갑자기 총소리와 함께 전쟁이 일어났다. 바로 눈앞에 아비규환에 절간에 있는 모든 스님과 공양주는 재빨리 흩어져서 피난을 하게 되었다. 선정에 들어간 스님은 깨어나지 않고 계속 선정에 들었기 때문에 세상이 어떻게 돌아가는지 모르고 계셨다.

전쟁이 끝나고 대중이 하나, 둘 모여들어서 공양을 알리는 종을 울리게 되었다. 그때 선정에 들어간 스님은 자기암시에 공양 소리를 정했기 때문에 종소리에 의해 깨어났다는 이야기를 들었었다. 눈 푸른 납자들은 모든 상황에 아랑곳 않고 수행에만 열심히 하는 것을 보고, 비룡스님은 참으로 기뻤다고 이야기하셨다. 그러면서 선정에 대한 이야기를 하나 더 해주셨다.

참선의 선정에 관하여 (진묵대사)

　진묵스님은 선승으로써 유명하신 분이다. 하안거[음력 4월 15일부터 음력 7월 15일]가 끝나면 다음안거까지는 여름에서 가을로 넘어가는 시기라서 몸과 마음이 풍요롭다고 볼 수 있다.
　이때는 참선 수행 하시는 스님이나 또는 소임을 맡은 스님도 바깥나들이에 설레임을 가지고 있을 때다. 주로 행선과 더불어 탁발을 나가서 시주를 조금씩 모아서 다음 동안거[음력 10월 15일부터 음력 1월 15일] 때 수행을 위한 절간의 살림살이 준비를 해야 되기 때문이다. 진묵스님은 툇마루 같은데서 잠시 걸터앉은 모습으로 한쪽무릎은 위로 올리고, 또 다른 한쪽 무릎은 마룻바닥에 닿게 하여 아주 편안한 자세로 쉬고 있었다. 때마침 시자스님이 탁발을 나가기 위해 진묵스님께 인사를 하였다. 스님은 인사를 받으면서 잘 다녀오라고 말씀까지 하시고, 잠시 후에 선정에 들기 시작하였다.

시자스님은 2달이 지나고 그동안 탁발로 모은 시주를 가지고 절에 왔을 때, 진묵스님은 얼굴에 먼지가 쌓여있고, 그리고 거미와 거미줄까지 엉켜 있고, 몸의 자세는 탁발을 위해 하직 인사 할 때의 그 모습으로 그대로 있었다. 놀란 시자스님은 큰스님을 흔들어서 "큰스님, 큰스님." 하면서 깨웠다. 그때 선정에서 깨어난 스님은 "아직 왜 안 갔느냐?" 하시며 시자스님께 되물었다. 그때 시자스님은 탁발을 마치고 돌아왔다고 말씀 드렸더니 진묵스님은 고개를 끄덕끄덕 하시면서 일어나서 승방으로 걸어가셨다.

이런 이야기를 들으면서 그 당시 나는 비룡스님께 질문을 했다. "선정이나 단식 수행에 들어가면 배가 고프지 않나요?" 했더니 스님께서는 "진심(嗔心), 즉 화를 내는 마음이 없으면, 배고픔을 느끼지 않는단다. 어떤 사람이 200일 동안 단식 수행을 했는데, 한 번의 어떤 노여움으로 인해 화를 내는 바람에 허기를 느꼈어." 라고 말씀하셨다. 자기가 자기 자신을 다스리는 것도 또 하나의 수행 방편인 것 같기도 하다. 진묵대사에 대해서는 여러 가지 일화가 많았다. 제일 요즘 와서 생각나는 것은 석가모니 화신이라는 말에서 곰곰이 생각하니 많은 것을 느끼게 하였다.

1955년 비룡스님께서는 제주도 한라산에서 천왕사를 창건하게 되었다. 한라산 99골은 99골짜기가 생겼다는 유래와 1골만 더 있으면 100골이 될텐데, 100골이 되어야 호랑이가 산다는 전설이 있었다. 아쉽게도 1골이 모자라서 99골은 수행에서 얻은 깨달음을 바탕으로 나머지여생을 보내면서 보림 하기에는 적당한 장소가 되었다. 비룡스님은 자신이 생명보다 더 귀중한 부처님 진신사리 1과를 천왕사 옆 자연적으로 형성된 큰 바위 안에 소장하면서 아침, 저녁으로 예불을 올리고, 천왕사를 조금씩 짓기 시작하였다.

절 지을 돌을 운반하고, 모레도 운반하면서 스님은 절 짓는 불사에 전념하였다. 절 짓는 도중에 스님을 시기하는 무리들이 생겨 황해도 개성 출신인 스님을 간첩으로 누명을 씌워 졸지에 간첩으로 오인 받아, 유치장 신세를 지게 되었다. 사람들이 간첩으로 몰아세울 때도 스님은 아무 말 없이 변명도, 대꾸도 없이 사람들이 원하는 데로 그냥 두고 오라고 오고, 가라면 가고 심지어 유치장에 갇혀있을 때도 그들이 하는 대로 그대로 두었다.

그런 상황을 오히려 수행으로 받아들이면서 화를 내지 않고, 평소와 같은 아무 일 없는 마음을 유지하는 방편으로 계속 마음을 관하고 있었다. 한동안 계속 유치장에서 일상적인 반복 생활에도 토굴처럼 좌선하면서, 묵묵히 지내는 동안 이를 유심히 관찰하는 수

사관들과 모든 사람들이 오히려 자신들을 참회하고 뉘우치면서 스님을 유치장에서 풀어주었다. 그리고 큰 절을 하면서 스님의 법력에 고개를 숙였다. 이 일이 일어난 후 제주도 많은 사람이 스님을 따르기 시작했고, 그때부터 순조로운 불사가 일어났다. 그렇지만 가끔은 노여워하지 않은 스님을 자신들의 이익을 위해 이용하려는 사람들이 있었지만, 그때마다 스님은 시끄러움을 예방하기 위해 한적한 곳으로 피신 아닌 피신으로 지낼 때도 있었다.

    사람이 너무 마음이 좋다는 것도 대중을 이끌기에는 단점도 있는 것 같았다. 수행이라는 것은 외로움과 고독을 즐기면서 자신과의 싸움이다. 그래서 흘러가는 흰 구름을 운수납자로 비유 할 때가 있다. 우리는 각자 인연 따라 살아가는 방랑자다. 우리는 우주의 방랑자. 자신의 깨달음으로 의지하여 각자의 삶이 반영된다. 평범한 사람들의 평범한 행복을 뒤로 하고, 본질적인 자신을 찾기 위한 깨달음으로 가는 '도'의 세계가 가슴 한 곳에 무언가를 채울 수 있는 당당한 삶의 원천을 만들기 위한 몸부림이기도 했다.

    종교에서는 세상에서 부족한 사람에게 잘 할 수 있는 것이 부처님이나 하느님 같은 성현일 것이다. 내가 부족하지 않으면 마음으로 기대하고 의지하는데도 필요로 하지 않을 것이다.

우리는 생노병사와 희로애락을 가진 완벽하지 못한 사람이기에 원 없는 삶을 위하여 완전한 인격체를 가지고자 수행이라는 기간을 가지고 원하는 사람의 방향을 가지고 '도'를 인하여 깨달음을 얻고자 하는 시간과 세월을 지나면서 생멸법에 의해 이 세상의 기간 안에, 한평생이라는 한시적인 시간을 영원의 본래자리를 찾기 위해 나를 투자하여 참다운 '나'를 얻고자 하는 사람은 과연 누구일까? 비룡스님은 오로지 부처님만 생각하고 믿고, 의지함에 있어서 1000분의 부처님을 법당에 모셨다. 마치 영산회상처럼 말없는 염원으로 일반 신도들에게 가르침을 폈다. 그리고 보왕삼매론 과 마음 다스리는 글 을 나누어 주면서 실천하는 모습을 보여주었다.

보왕삼매론

1. 몸에 병 없기를 바라지 말라.

몸에 병이 없으면 탐욕이 생기기 쉽나니, 그래서 성인이 말씀하시되 "병고(病苦)로써 양약(良藥)을 삼으라." 하셨느니라.

2. 세상살이에 곤란함이 없기를 바라지 말라.

세상살이에 곤란함이 없으면 업신여기는 마음과 사치한 마음이 생기나니, 그래서 성인이 말씀하시되 "근심과 곤란으로써 세상을 살아가라." 하셨느니라.

3. 공부하는데 마음에 장애 없기를 바라지 말라.

마음에 장애가 없으면 배우는 것이 넘치게 되나니, 그래서 성인이 말씀하시되 "장애 속에서 해탈을 얻으라." 하셨느니라.

4. 수행하는데 마(魔)가 없기를 바라지 말라.

수행하는데 마가 없으면 서원이 굳건해지지 못하나니, 그래서 성인이 말씀하시되 "모든 마군으로서 수행을 도와주는 벗을 삼으라." 하셨느니라.

5. 일을 꾀하되 쉽게 되기를 바라지 말라.

일이 쉽게 되면 뜻을 경솔한데 두게 되나니, 그래서 성인이 말씀하시되 "여러 겁을 겪어서 일을 성취하라." 하셨느니라.

6. 친구를 사귀되 내가 이롭기를 바라지 말라.

내가 이롭고자 하면 의리를 상하게 되나니 그래서 성인이 말씀하시되 "순결로써 사귐을 길게 하라." 하셨느니라.

7. 남이 내 뜻대로 순종해주기를 바라지 말라.

남이 내 뜻대로 순종해주면 마음이 스스로 교만해지나니, 그래서 성인이 말씀하시되 "내 뜻에 맞지 않는 사람들로서 원림을 삼으라." 하셨느니라.

8. 공덕을 베풀려면 과보를 바라지 말라.

과보를 바라면 도모하는 뜻을 가지게 되나니, 그래서 성인이 말씀하시되 "덕을 베푸는 것을 헌신처럼 버리라." 하셨느니라.

9. 이익을 분에 넘치게 바라지 말라.

이익이 분에 넘치면 어리석은 마음이 생기나니, 그래서 성인이 말씀하시되 "적은 이익으로서 부자가 되라." 하셨느니라.

10. 억울함을 당해서 밝히려고 하지 말라.

억울함을 밝히면 원망하는 마음을 돕게 되나니, 그래서 성인이 말씀하시되 "억울함을 당하는 것으로 수행하는 문을 삼으라." 하셨느니라.

〈작가의집 아이들〉 스카프 – 선희진 作

마음 다스리는 글

복은 검소함에서 생기고 덕은 겸손에서 생기며 지혜는 고요히 생각하는 데서 생긴다. 근심은 욕심이 많은 데서 생기고 재앙은 탐하는 마음이 많은 데서 생기며, 허물은 경솔하고 교만한 데서 생기고, 죄악은 어질지 못하는 데서 생긴다.

눈을 조심하여 남의 그릇됨을 보지 말고, 맑고 아름다움을 볼 것이며, 입을 조심하여 실없는 말을 하지 말고 착한 말 부드럽고 고운 말을 언제나 할 것이며 몸을 조심하여 나쁜 친구를 사귀지 말고 어질고 착한 이를 가까이 하라.

이익 없는 말을 실없이 하지 말고, 내게 상관없는 일을 부질없이 시비치 말라. 나라에 충성하고, 부모에게 효도하며, 어른을 공경하고, 덕 있는 이를 받들며, 지혜로운 이와 어리석은 이를 분별하고, 모르는 이를 너그럽게 용서하라.

순리대로 오는 것을 거절 말고, 가는 것을 잡지 말며, 일이 지나갔음에 원망하지 말라. 총명한 사람도 어두운 때가 있고, 계획을 잘 세워도 기대에 어긋나는 수가 있다. 남을 손상하면 마침내 그것이 자기에 돌아오고, 세력에 의지하면 도리어 재앙이 따른다.

조심하는 것은 마음에 있고, 지키는 것은 행동에 있다. 절약하지 않음으로써 집을 망치고, 청렴하지 않음으로써 지위를 잃는다.

8. 세속에서 깨달음을 얻은 사람들

전문적인 '도'를 수행하는 '승가' 보다는 '재가'는 몇 배의 어려움이 뒤따른다. 자기 스스로 가정의 모든 의·식·주 해결을 해야 하며, 또 가족을 돌보아야 하고 그러면서 틈틈이 여가를 봐서 수행을 해야 하는 엄청난 노력과 결심을 하지 않으면 도저히 이루어 낼 수 없는 상황에서 세속에서 수행을 하는 것은, 마치 불 속에서 연꽃이 피는 것처럼 세세생애 시들지 않는다.

8. 세속에서 깨달음을 얻은 사람들

　김제 변산반도는 언젠가는 아련하게 구경하고 싶은 생각이 들었다. 그러다가 1998년 즈음 변산반도에 있는 '월명암'에서 몇 명이 만 배를 하기로 했다. 절 시작하기 전에 주지스님께 "만 배를 하고 내려가겠습니다." 했더니, 그때 그 당시 주지스님이 "2일 동안 합해서 만 배를 하면 여기 찻상을 주겠다고 하셨다. 그 말을 들은 후 나는 "그럼 24시간 안에 만 배하면 스님께선 그 찻상을 직접 산 아래 주차장까지 갖다 주실 수 있습니까?" 하고 물었더니 흔쾌히 승낙을 받았다. 그래서 힘 하나 안 들고 공짜로 얻은 찻상에 가끔 차를 마시면서 월명암을 생각할 때가 있다.

월명각시

'월명각시'에서 '각시'라는 용어는 요즘 말로 '아가씨'라고 생각하면 된다. 부설거사 내외가 돌아가시고 난후 아들(등운조사)과 딸(월명각시)가 오누이만 남게 되었다. 성숙한 월명각시한텐 젊은 머슴하나가 죽을 각오를 하고 월명각시를 사모하여 항상 늘 붙어 다니려고 애를 쓴다. 참다못한 월명이는 오빠 등운이한테 자주 하소연을 해본다. 그러나 들은 체 만 체. 자기 참선수행만 열심히 할 뿐이다

어느 날 방선시간(약간 쉬는 시간)에 마당을 거닐다가 부엌에서 나는 연기를 바라보면서 무심코 부엌으로 가게 되었다. 그곳에는 동생 월명이가 아궁이에 불을 지피고 있는데 젊은 총각 머슴이 옆에 붙어서 자꾸 치근대고 있었다. 몸을 가까이 붙이면서 손을 잡아 보려고 애를 쓰면서 말이다. 그때 그 순간에 등운이는 평소 때의 월명이의 하소연을 생각하면서 눈으로 현장 목격을 하게 되었다.

등운이는 부엌 안으로 들어가서 월명이 옆에 있는 젊은 총각 머슴을 보고 한 가지 조건을 제안한다. 그 조건은 불을 한참 떼고 있는 아궁이는 이미 벌겋게 불에 달아올랐다. 아궁이속 아주 깊은 곳에 키의 크기만큼. 방구들 밑에 간단한 물건을 던져 놓고 그것을 꺼내오는 조건 말이다. 만약 꺼내온다면 동생 월명이와 결혼을 시켜준다고 한다. 젊은 총각 머슴은 혼자서 열렬히 사모하고 좋아해 온 월명이를 생각하면서 잠시 불의 화상을 입을 것도 생각했지만, 화상은 시간이 다소 걸리지만 나으면 될 것이고 꿈에 그리던 월명이와 평생 살 것을 생각하면서 그대로 수락하게 되었다.

　머슴은 불에 붙은 장작개비만 꺼내고 벌겋게 붙은 숯불 속에 물건을 꺼내려고 아궁이 속으로 들어간다. 그때 등운이는 아궁이 안으로 들어간 머슴의 다리를 억지로 마저 집어놓고 재빨리 장작과 마른나무를 불을 지피고 산 채로 불에 태워 죽인다. 이렇게 억울하게 죽은 총각머슴은 가슴에 한이 맺혀 구천을 떠돌면서 원수를 갚으려고 등운이를 찾았었다. 그러나 등운이는 이미 '도'를 이룬 뒤였기 때문에 등운이를 찾을 수 없었다. 등운이는 망상을 떠난 '시방법계'에 안주하고 있었기 때문이다.

　귀신은 몸의 형체도 없는 무명체다. 무명체와 무형체인 귀신은 어떻게 사람의 일을 아느냐고 한다면 사람들이 많은 망상 같은 생각을 할 때 그 생각에 의해 사람의 일을 안다고 한다. 즉 충격에 의해 현실보다는 그 충격에 사로잡혀 여러 가지 쓸데없는 터무니없는 망상일 때 말이다. 그때 정신없는 틈을 이용해 정신병자 몸을 같이 공유한다고 들었다. 이럴 때는 정신병자는 알 수 없는 행동을 많이 하고 정상적인 사람으로서는 이해하기 힘든 일이 많다고 한다.

그 후 등운이는 스님들을 이끄는 조사스님이 되었고, 월명이는 아버지와 어머니께서 먼저 도를 이루고 돌아가시고 난 후 오빠도 '도'를 이룬 것을 보고, 자기도 열심히 수행해서 도를 이루었다고 한다.

〈작가의집 아이들〉 스카프 – 이송이 作

부설거사

인도의 유마거사, 중국의 방거사와 더불어 한국의 부설거사는 재가자로써 '도'를 이룬 인물이다. 출가집단 승려 소속이 아닌 자기의 거주지, 즉 가정에서 '도'를 이룬 인물로써 월명암의 주인공 월명이의 아버지다.

전문적인 '도'를 수행하는 '승가' 보다는 '재가'는 몇 배의 어려움이 뒤따른다. 자기 스스로 가정의 모든 의·식·주 해결을 해야 하며, 또 가족을 돌보아야 하고 그러면서 틈틈이 여가를 봐서 수행을 해야 하는 엄청난 노력과 결심을 하지 않으면, 도저히 이루어 낼 수 없는 상황에서 세속에서 수행을 하는 것은, 마치 불 속에서 연꽃이 피는 것처럼 세세생애 시들지 않는다. 단점은 많은 어려움이 수반되는 동시에 장점은 주로 가족을 같이 깨달음에 이끈다.

부설거사는 젊은 시절에는 출가승이었다. 청정한 스님으로써 오로지 깨달음을 위해서 도반 영희스님과 영조스님과 같이 금강산으로 출발하면서 저녁 시간 때 어두움이 깔리기 시작할 때쯤 지금의 경주인 신라의 수도 서라벌에서 어느 살림이 넉넉한 부자 신도 집에서 하룻밤을 신세를 지게 되었다. 하루 숙박을 위해 걸망을 내려놓고, 잠시 숨을 돌리고 쉬고 있을 때 쯤, 그 집의 무남독녀인 어여쁜 묘화 아가씨가 한 스님을 보는 순간 마음을 뺏겨버렸다. 다음 날 아침 일찍 떠나야 될 스님이기에 묘화 아가씨는 스님을 놓칠 수가 없었다. 그래서 부모님께 그 스님과 결혼을 안 하면 죽겠다고 죽음을 불사한 강력한 결혼 요구에 묘화 아가씨 부모님과 스님은 난처한 입장이 되었다. 그때로서는 스님은 그냥 떠나려고 하면 묘화 아가씨가 죽을 것 같고, 죽어서도 원귀가 되는 것도 난감하고 해서 도반인 영희스님과 영조스님을 보고, 둘이서 금강산으로 떠나라고 하였다. 어차피 중생과 함께 같이 하는 보리심으로 아가씨의 원을 들어주기로 했다. 친구 도반스님은 상황이 상황인지라 할 수 없이, 더 이상 머물 수 없이 금강산으로 떠났다.

그 이후 둘은 혼인을 하고 출가승이 아닌 재가로써 하루 이틀 보내다 보니 아들과 딸이 태어났다. 논일과 밭일을 하고 아들과 딸, 그리고 부인과 행복한 나날을 보내면서 어느 날 문득 시간의 바쁨에 자신을 되돌아보게 되었다. 옛 도반스님들은 열심히 수행

정진에 힘쓰고 있을 것을 생각하니, 무심코 시간을 그냥 지낼 수가 없었다. 어느 날부터 아프다는 핑계로 그대로 드러눕게 되었다. 남들이 보기에는 누워 있었지만, 정작 그는 와선을 하고 있었다.

그때부터 집안 살림과 농사는 부인이 하게 되었고, 남편은 사람도 안 만나고, 여름에도 방문을 닫고 아프다는 핑계로 와선을 하게 되었다. 와선은 참선보다 어렵다. 앉아서 참선하다가 누우면 그대로 자면 참선의 의미가 없어진다. 여기에서 중요한 것은 앉으나 누우나 일여하게 화두로 그대로 들고 있어야 하는데, 그리고 절에 가면 참선과 절이 되고, 집에서는 안 된다면 그게 문제가 심각하다고 볼 수 있다. 왜냐하면 언제 어디든 행주좌와 즉 움직이면서, 한군데 거주하면서, 조용히 앉으면서 그리고 누우면서 화두를 놓지 않아야 참선이 된다고 볼 수 있다. 이렇게 몇 년 동안 방 안에 틀어박혀 외부 사람을 일체 안 만나고 수행을 하게 되었다.

그런데 어느 날 금강산에 공부하러 간 옛 도반 스님 두 분이 돌아오면서 서라벌에 있는 친구 중생을 구제하려고 부설거사 집에 들렀다. 그때 부설거사는 자리를 털고 일어나서 옛 도반 스님들을 정성껏 대접하였다. 금강산에서 공부를 마친 스님 두 분은 부설거사를 측은하게 생각하게 되었다. 그러나 거기에 아랑곳 하지 않고 부설거사는 나무위에 똑같은 호롱 병 세 개에 물을 채워서 매달아 놓고 각자 돌로 하나씩 맞히기로 하였다. 친구 스님들은 호롱 병에 돌을 맞추었는데 호롱 병이 깨지면서 물이 쏟아졌다.

　마지막으로 부설거사는 잠시 눈을 감고 있다가 하나 남은 호롱 병에다 돌을 던졌더니 호롱 병은 깨지면서 산산조각이 나고, 그 안에 있는 물은 얼음이 되어서 부설부설 조금씩 녹으면서 부서졌다 그래서 부설거사 라는 명칭을 듣게 되었다.

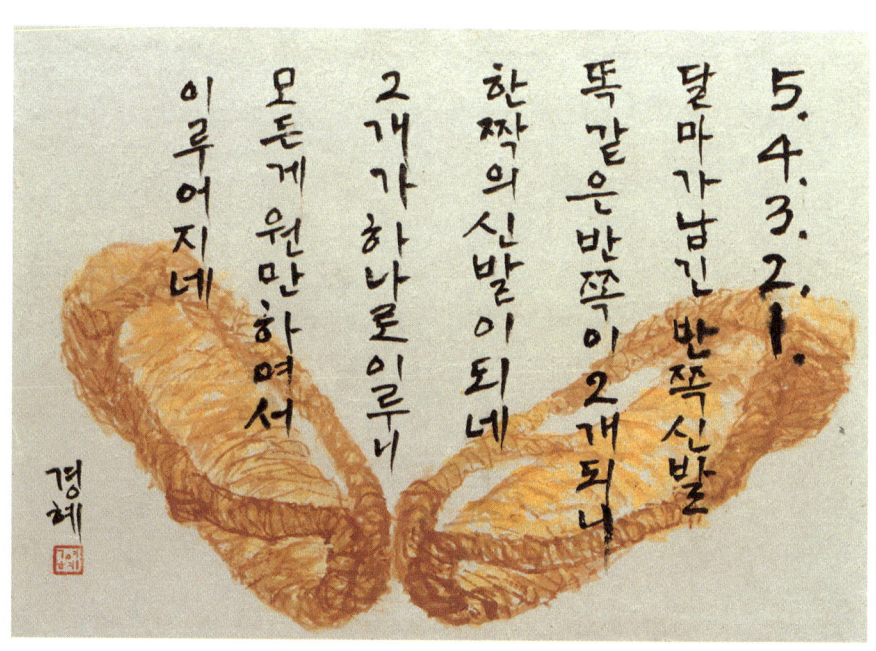

5. 4. 3. 2. 1.
달마가 남긴 반쪽신발
똑같은 반쪽이 2개 되니
한짝의 신발이 되네
2개가 하나로 이루니
모든게 원만하여서
이루어지네

중국의 방거사와 무영탑 전설

방거사(?~808)는 마조 도일선사의 법을 이은 제자 중 한사람으로서 중국의 재가자로 그의 깨달음이 유명하다. 그는 중국 호남성 형양 사람이고 선친으로부터 많은 재산을 물려받았고, 한때는 고급 관리직을 맡은바 있었다.

방거사에 대해 많은 일화가 있다. 그 중 기억나는 것은 형양에서 양양으로 가는 도중 동정호라는 중국의 큰 호수에 재산을 모두 던졌다고 한다. 문헌의 글귀에는 이렇게 전해지고 있지만, 내 생각에는 깨달음을 얻기 위해, 많은 불사와 많은 선지식을 친견하면서 시간과 공간과 재산을 동정호처럼 넓고 깊은 수행을 하는데 소비하였을 수도 있고, 또 하나의 개인적인 생각은 무소유의 삶을 실천하기 위해 실제로 동정호에 버릴 수도 있었다고 생각한다.

간절하면서 절박하고, 소중한 삶으로 영원한 자유를 얻고자 했던 것 같다.

겉치레와 몸은 가난한 삶을 영위하는 촌부처럼 평범한 삶을 살았다. 가족이 농사를 짓고, 가끔씩 딸은 조리 같은 것을 만들어서 시장에 내다 팔고 생활을 영위해 나갔다. 몸과 마음은 허위와 가식이 없는 거짓도, 자랑도 없는 솔직한 마음자리로 평상심으로 유지하는 항상 마음자리 공부에만 열중하였다.

그때 그 당시에는 개기일식에 대한 생각이 지금 현대하고는 많은 생각의 차이를 느끼게 한다. 방거사가 개기일식때 열반을 하려고 좌복 위에 앉아 있었는데, 그때 딸 영조가 눈치를 채고 방문을 열고 들어온다. 방안에 들어온 영조를 보면서 방거사는 이렇게 말한다.

"애야, 일각이 가까워지지 않았느냐?" 하고 묻는다.

"아버지 아직 이른 것 같습니다." 했더니 방거사는 좌복에서 일어나면서 "거의 된 것 같은데?" 하면서 방문을 열고 하늘을 보러 나간다. 그때 딸 영조는 아버지 좌복에 앉아서 바로 열반에 든다. 밖에서 하늘을 보고 돌아온 방거사는 딸이 열반에 든 것을 보고 자신의 열반시기를 놓쳤다는 것을 알고 딸이 먼저 선수 친 것에 대해서 내심 딸의 대단함을 몇 마디 말로써 표현했다.

며칠 후 방거사가 살고 있는 지역의 고급관리가 방거사를 찾아온다. 둘이서 이런 저런 이야기를 나누다 관리의 한쪽 다리 무릎에 누우면서 열반을 했다. 밭에서 밭일을 하던 아들이 아버지의 열반 소식을 듣고 "나도 가야지." 하면서 호미 같은 농기구를 잡고 열반에 들었다. 그러다보니 졸지에 딸이 열반에 들어서 장사를 지내고, 또 영감이 열반에 들고, 그나마 아들까지 열반을 하니 영감과 아들은 혼자서 장사를 지내면서 몸뚱이라는 것이 참으로 일거리를 많이 만든다고 생각하면서 방거사의 부인은 큰 바위를 한손으로 쳐서 두 쪽을 갈라서 그 속에 들어가서 갈라진 두 쪽을 하나로 합치게 하였는데 이것이 무영탑의 전설이 되었다고 한다.

유마힐 또는 유마거사

인도의 유마거사는 "중생이 아프면 나도 아프다."는 말로써 유명하다. 대승보살로서 문수보살과의 '불이법문'으로 출가와 재가가 둘이 아닌 불성의 모습으로 설해져 왔다. 유마거사는 계율을 뛰어넘어 대중이 많이 모이는 도박판이나 술집 또는 술과 몸을 파는 음사 등 같은 데도 마음대로 드나들면서 교화를 펼쳤다.

세간과 출세간 극과 극을 '쏜의 이치'처럼 통하게 만들어 '쏜'처럼 아무런 걸림 없는 삶을 살면서 중생의 아픔을 같이 공유하였다. 이와 같이 여러 가지 성정으로 여러 가지 모습으로 수행이 남아있다.

9. 오체투지 이후 그리고 작가의집 아이들

선화전 이후에 진영 작가의집에서는 야생 꽃을 관찰하여 그림 그리기 수업을 했다. 처음에는 아이들이 어렵다고 머리가 아프다고 했다. 머리가 아프다는 것은 아이들이 어려워서 하기 싫다는 표현이다. 그렇지만 모든 것을 섬세히 관찰하고 생각하는 창조적인 수업을 위해서는 우리 야생화의 아름다움을 먼저 알아야 되겠다는 생각을 가지고 꾸준히 노력했더니, 아이들은 재미를 느끼기 시작했다.

9. 오체투지 이후 그리고 작가의집 아이들

2004년 7월 7일 오체투지가 출판되고 난 후 나의 생활에는 많은 변화가 왔다. 책을 보고 많은 사람들이 작가의집을 찾아오고 문의 전화도 많이 왔었다. 사람들의 궁금증으로 보고 싶어 하고 이야기하고 싶어 하지만, 그 때문에 작가의집에서는 정상적인 영업활동을 못하고 문을 닫았다. 그리고 전체적으로 경제가 좋지 않은 경기 탓인지 모르겠지만, 생활도 궁핍해졌다. 전(前) 출판사의 계약 불이행으로 인지대금도 끊겼는데, 인지 대금을 안 받는 대신 저작권을 돌려달라고 했다. 그래서 작가의집에서 바로 출판사를 하게 되었다. 덕분에 내가 글을 더 쓰게 되었고, 박사과정 학비 마련을 위해 인연이야기 책을 쓰게 되었다. 그동안 좋은 사람들을 많이 만나고, 도움도 많이 받았다.

　좋은 사람도 있는 반면에 소수의 몇 사람들의 해코지 때문에 슬픈 일도 있었다. 이제는 모든 것을 잊고 박사과정 공부에만 전념하기로 했다. 내가 하고 싶어 하는 것을 하게 되고, 할 수 있다는 것은 행복한 일이라고 생각한다. 요즘 들어 엄마는 자주 손발과 얼굴이 퉁퉁 부어오르곤 한다. 엄마의 건강회복과 안전을 위해 이제는 내가 엄마의 보호자가 되어 하늘이 준 의무를 다 하려고 한다. 모든 게 내가 할 수 있다는 것이 감사할 뿐이다. 이제는 내 인생의 주인공의 삶으로써 당당하고 강해지려고 한다.

작가의집 아이들의 스카프

선화전(禪畵展)이후에 진영 작가의집에서는 야생 꽃을 관찰하여 그림 그리기 수업을 했다. 처음에는 아이들이 어렵다고 머리가 아프다고 했다. 머리가 아프다는 것은 아이들이 어려워서 하기 싫다는 표현이다. 그렇지만 모든 것을 섬세히 관찰하고 생각하는 창조적인 수업을 위해서는 우리 야생화의 아름다움을 먼저 알아야 되겠다는 생각을 가지고 꾸준히 노력했더니, 아이들은 재미를 느끼기 시작했다.

2005년 9월쯤에는 2006년도 아이들의 야생화 달력을 만들었다. 아이들은 점점 자신감을 가졌고, 그때부터 제각기 보여 지는 능력을 알게 되면서 사물에 대한 진지한 태도로 일관하게 되었다. 아이들의 수업을 진행하면서, 나는 1년 가까이, 야생화를 우리의 실크인 명주에 염색물감으로 그림 디자인을 연구했다. 실크에는 염료의 착색이 어렵다. 실크에 닿는 순간에 빨리 번져서 퍼져버리는 성질 때문에, 수분조절, 농도의 조절, 색채의 조화 등등 한국적인 멋을 연구하였다.

　우리의 명주에는 역시 한국화가 기본 바탕이다. 한국화의 붓의 농담조절을 할 줄 알아야 동양적인, 특히 한국적인 이미지를 만들어 낼 수 있다. 박사과정 공부를 심도 있게 들어가고 싶은 마음에 작가의집 아이들에게 3년 동안 휴강을 선언했다. 3년 후에는 어떤 변화가 올지 모르겠지만, 아이들에게 마지막 수업으로 명주에 염료로 야생화를 그려서 세상에서 하나밖에 없는 스카프를 만드는 강의를 했다.

　아이들과 학부모님들은 무척 좋아하면서, 각각 디자인과 느낌이 다른 야생화 스카프를 완성시켰다. 이 아이들은 초등학생부터 고등학생까지 12명이지만, 이 느낌을 그대로 할 수 있다면, 우리나라다운 새로운 이미지를 창출하여 세계 속의 한국을 빛낼 수 있는 미래의 디자인을 만들 것 같다. 나는 이 아이들을 한없이 좋아한다. 좋아하고 사랑스런 마음에 아이들의 스카프 디자인을 '인연이야기'에 일러스트로 남겨주고 싶었다. 내가 이 아이들에게 남겨주고 싶은 또 하나의 영원한 사랑은 인연이야기 일러스트에 있다.

에필로그

흔히 '겁난다'는 말을 할 때가 있다. '두렵다. 무섭다'라는 뜻으로 보편화 되어있다. 긴장되고 두려울 때에는 단 1초라도 시간이 길게 느껴지기 때문이다. 이것은 불교의 용어로 비유를 하자면 1겁을 말하는 것인데, 1겁은 지구가 생성해서 파괴되어 없어지는 시간을 말한다. 우리가 즐거울 때에는 시간 가는 줄 모르고 항상 시간이 짧기만 하고, 긴장되고 괴로움에는 시간이 엄청 길게 느껴진다. 사실적으로 기쁘거나 슬프거나 상관없이 시간은 일정하다.

가끔 절간에 가면 법당 안에 신장단(12지간을 상징하여 자, 축, 인, 묘, 진, 사, 오, 미, 신, 유, 술, 해)이 있다. 소머리, 돼지머리에 사람 몸과 같은 장군의 형체가 무기를 가지고 여럿이 어울려서 서 있는 모습과 또, 그리스 신화에 나오는 사자머리에 사람 몸, 사람 머리에 사자 몸 등등 이렇게 형상을 예사롭게 봤지만, 요즘에 와서는 다시 한 번 쳐다보여진다.

불교에서 말하는 전생의 겁에서도 과학을 발전시키고, 그리고 그 일에 종사했던 사람들이 있었는데, 이생에서 태어나서 막연히 알 수 없는 잠재력으로 과학을 발전시키고 있다. 옛 사람들의 그림이나 조각으로 표현해 왔다는 사실을 알 수 있듯이, 윤회적으로 보면 전생의 겁에서도 생명공학을 했던 것이 사실로 다가왔기 때문이다.

그러고 보면 장점도 있지만, 단점도 있다. 생명연장에 사람이 필요한 장기를 얻을 수 있지만, 실험에 성공하기 위해서 우수한 정자와 난자를 쓰기 때문에 오픈된 라인이나 양성적인 공간에서는 감찰을 받을 수 있지만, 만약 음성적으로 연구하다가 만분의 일에 하나라도 실수하면 장난이 아닐 수가 있다. 실수에서 아인슈타인 같은 뛰어난 유전인자가 반신동물에 흘러가서 자기들은 인간의 장기를 위한 소모품이라는 것을 눈치라도 채게 된다면, 갑자기 어느 날 적으로 돌변해서 생명을 상대로 테러를 한다면, 과연 그것이 문제인 것 같다. 생각만 해도 끔찍하다. 그때는 종교전쟁보다 더 무서운 사람과 반 인간 동물과의 전쟁도 생각할 수 있다. 어쩌면 이것이 지구 최후의 전쟁일 수도 있다.

자연은 각각 생명체에 대한 수명을 재미있게 배정했다. 인간수

명이 현대에 와서 200~300년을 산다면, 아마도 자연의 비밀법칙을 파헤쳐 놓을 것 같다. 도대체 사람의 욕망이 어디까지 갈까. 스피드의 욕망과 몸이 멀리 있어도 과학발전의 편리함에서 가까이에서 보고 듣는 시대에서, 이제 마지막 남은 중대한 것은 모든 생활방식과 사고와 의식구조 자체가 바뀔 수도 있다.

  그것은 나는 것이다. 서양의 천사의 날개와 동양의 날으는 선녀는 우리 인간의 욕망 중에서 가장 상승요인으로 생각한다. 천사의 날개는 과학이 조금 더 진보하면 보편화 될 것 같다. 비행기 날개같이 로봇처럼 만들어서 배낭 가방 속에 넣어 어깨에 걸치고 다니면서 가방 지퍼를 열면 로봇 날개가 자동으로 펼쳐져 날아다닐 수 있다면 새로운 문명의 전환기가 이어갈 것이다.

  그리고 거기서 좀 더 발전한다면 우리도 비행접시로 빛의 속도에 도전할 것 이고, 비행접시는 바람과 공기를 가장 쉽게 분산할 수 있고, 속도와 편리함과 안전을 두루 갖춘 실질적으로 이상적인 설계도면인 것 같기도 하다.

경혜의 인연 이야기

초판 발행 | 2006년 4월 23일
초판 인쇄 | 2006년 4월 19일
2 쇄 인쇄 | 2010년 6월 1일
지은이 | 한경혜
펴낸이 | 한경혜
펴낸곳 | 작가의집
등록번호 | 제535-2005-00004호
등록일자 | 2005년 10월14일
경상남도 김해시 진영읍 내룡리 702
전화 055-345-9945
서울사무소 팩스 02-507-2344
전자우편 | korea-artist@hanmail.net
홈페이지 | www.artisthouse.co.kr

ISBN 89-957364-1-0 03810

* 작가의 집에서 나온 잘못된 책은 교환해 드립니다.
* 본 책의 저작권은 작가의 집에 있습니다.